포스트 크라이시스의 세계

세계 금융위기 이후, 국제질서의 새로운 패러다임을 찾아서

The Post-Crisis world

다나카 아키히코 지음
이원덕 옮김

포스트 크라이시스의 세계

세계 금융위기 이후,
국제질서의 새로운 패러다임을 찾아서

일조각

한국어판 서문

이 책은 2008년 가을의 리만 쇼크 직후에 일본인을 대상으로 급히 서둘러 쓴 '국제정치 분석'이다. 그렇기에 리만 쇼크로부터 2년 가까이 지난 현재, 이 분석이 한국인 독자에게 얼마나 도움이 될 것인가, 저자로서 약간 걱정되는 부분이 있는 것도 사실이다. 그러나 다음의 두 가지 이유로 이 책이 한국인 독자에게도 나름대로 유용하지 않을까 생각한다.

첫째, 냉전 후의 위기 상황은 리만 쇼크로부터 2년 가까이 지났으나 여전히 지속하고 있다는 점이다. 확실히 1930년대와 같은 대파국을 향한 움직임은 발생하고 있지 않으나, 2009년 후반 그리스의 파산에서 시작해 유럽으로 번진 위기가 보여주는 것과 같이 세계경제는 여전히 불안정성을 안고 있으며 이 경제위기는 그리스에서 남유럽까지 사회 위기를 발생시킬 우려도 있다. 이 책에서는 유럽 정세 분석을 거의 다루지 않았으나—EU의 중심국이라 할 수는 없지만—중부와 동부 유럽으로부터 남부 유럽에 걸친 몇 개의 국가는 이 책의 1장 후반에 러시아나 중국을 분석했던 것과 같은 분석이 필요할지도 모른다. 또한, 유럽의 금융위기가 세계경제 전반에 어떠한 영향을 미칠 것인지도 경시해서는 안 된다. 1930년대의 대파국은 1929년으로부터 몇 년이 지난 후에야 일어났기 때문이다. 우리는 이 사실을 분명히 기억해야 한다.

물론, 본문에서도 서술한 바와 같이, 나의 관측으로는 지금의 세계가 1930년대와 같은 대파국으로 가지는 않을 것이다. 그리고 현재의 위기를 넘어 출현하는 '위기 이후의 세계'는 중국이나 인도의 경제 규모가 지극히 거대해지는 21세기형 다극의 세계로 정의할 수 있다. 이 세계에서의 '파워 원리'는 무엇인가를 고찰한 것이 이 책 후반의 논의이다. 바로 이러한 논의를 살피는 것이 이 책이 한국인 독자에게 유용할 두 번째 이유이다.

중국이나 인도, 나아가 미국이나 유럽의 거대한 경제 규모와 비교하면 앞으로 일본이나 한국이 규모 면에서 이러한 거대한 존재와 경쟁하는 것은 어려운 일일 것이다. 그러나 일본이나 한국에도 기회는 있다. 이 책에서 다룬 대로 21세기 세계에서 '파워'란 점차 지식을 베이스로 하는 진술능력에 의존하게 될 것이다. 국제정치에서는 경제 규모에만 의존하지 않는 다양한 파워가 존재한다. 이러한 의미에서 일본도 한국도 21세기 세계에서 의미 있는 공헌을 할 가능성이 있다.

그리고 한국은 일본과 비교했을 때, 여러 유리한 점을 가지고 있다. 국가 레벨에서 보았을 때 의사 결정의 신속함이나, 전 국민적인 영어 능력 향상 의욕에서 볼 수 있는 강한 외부 지향성 등은 현재 일본에서는 찾아보기 어려운 한국만의 강점이다. 이 책의 종장에서 서술한 '과제선진국 일본'이라고 하는 특징은 한국에서도 현저히 나타나고 있다. 한국도 급속한 고령화 문제로 고민하고 있고, 인터넷의 보급이 사회에 끼치는 영향을 고려했을 때, 정보사회라고 하는 측면에서 한국은 일본보다 상당히 진전된 '과제선진국'이다.

어찌 됐건 간에 일본인이나 한국인이 이후 세계에서 영향력을 행사하려면 세계시스템 전체의 동향을 거시적으로 이해하고 있어야 한다. 이 책은 그 이해를 돕고자 하는 자그마한 시도이며 앞서 말한 대로 급히 서둘러 썼기에 불충분한 점 또한 많다. 그러나 일본에서와 마찬가지로 한국인 독자에게도 이 책의 내용이 조금이나마 참고가 되었으면 한다.

마지막으로 이 책을 번역하느라 수고해주신 이원덕 선생께 감사의 말씀을 전하고 싶다. 선생은 필자가 이전에 쓴 저서『안전보장』또한 번역해주셨다. 번역하느라 소비한 이 선생의 귀중한 시간에 걸맞은 가치 있는 내용을 이 책이 포함하고 있는지, 자신은 없으나 필자로서는 자신의 저작이 이웃 나라에서 번역되는 것만큼 대단한 명예는 없다고 생각한다. 다시 한 번 감사의 말씀을 전하고 싶다.

2010년 9월

다나카 아키히코

머리말

2009년 1월 20일, 버락 오바마가 미국 44대 대통령에 취임했다. 오바마는 미국 최초의 흑인 대통령이자, 변화를 갈망하는 국민의 기대를 한몸에 받는, 게다가 연설까지 잘하는 카리스마 넘치는 지도자이다. 또한, 미국뿐만 아니라 유럽과 세계 각국이 오바마 대통령을 적극적으로 지지하고 있다.

그러나 오바마 대통령이 풀어야 할 과제는 엄청나다. 1929년 대공황 이후 처음으로 맞이한 금융위기와 그에 따른 실물경제의 어려움은 무시할 수준이 아니다. 안보 면에서도 오바마 대통령이 공을 들여온 아프가니스탄의 상황은 점차 악화하고 있다. 장기 과제인 기후변화 문제도 해법을 찾는 일이 간단치 않다. 이는 물론 오바마 대통령만의 과제는 아니다. 전 세계의 모든 지도자, 전 세계의 모든 시민에게 주어진 과제이기도 하다.

현재의 위기를 극복하고 새로운 세계, 즉 '위기 후의 세계'로 나아가려면 오바마 대통령뿐만 아니라 세계 각국의 협력, 세계에서 활약하는 다양한 주체의 협력, 그리고 궁극적으로는 세계인의 협력이 필요하다.

나는 이 책에서 이 모든 과제의 구체적인 처방전을 제시하려는 것이 아니다. 다만, 위기에 빠진 세계와 그 현상을 어떻게 이해할 것인가 하는, 나름의 견해를 제시하고자 한다. 서장에서 자세히 서술하겠지만, 현재의 위기는 냉전 종식 이후 20여 년간 지속해온 여러 위기의 최종 국면으로 볼 수 있다. 우리의 당면 과제는 이 위기가 대파국으로 치닫는 것을 어떻게 하면 막느냐는 것이다.

어쩌면 대파국은 막을 수 있을 것이다. 그러나 대파국을 막으려면, 먼저 대파국을 향해 움직이는 다양한 가능성을 충분히 고찰하는 것이 필요하다. 이것이 1장에서 다루는 주제이다. 1장에서는 우선 1930년대의 고찰뿐만 아니라 근대 시스템의 발전 양상을 아울러 논의한다. 1930년대의 금융·경제 위기를 정치·군사 위기로 전화시킨 나치스와 일본 군국주의 동향을 살펴본 다음, 현재 세계시스템과의 구조적인 유사성과 차이점을 검토한다. 여기에서는 러시아와 중국, 인도, 이란을 중심으로 살펴보겠다.

다음으로, 대파국을 피했다고 가정하면 그 후의 세계는 어떻게 될 것인가? 이 물음은 결국 위기 후의 세계가 어떻게 될 것인가의 문제로 귀결된다. 따라서 2장에서는 장기간의 추세와 해석을 교차시키면서 2030년까지를 염두에 두고 세계의 '다극화' 추세가 의미하는 것이 무엇인지 검토한다. 이번 금융위기로 세계의 다극화를 둘러싼 논의가 활발하게 이뤄지고 있다. 하지만, 그 의미는 논자에 따라 다양하다. 2장에서는 21세기 다극화는 18세기와도 다르고 19세기부터 20세기 전반까지의 다극화와도 그 의미가 다르다는 것을 지적한다.

그렇다면, 21세기 위기 후의 세계에서 국제정치는 어떤 힘의 원리에 근거해 움직일 것인가? 새로운 힘의 원리하에 세계적 결단과 국제 협조는 어떻게 가능할까? 이러한 문제들은 3장에서 고찰한다.

나는 일찍이 『언력정치ワード・ポリティックス』(筑摩書房)라는 책에서 국제정치가 지금까지의 '권력정치'에서 '언력정치言力政治-Word Politics'로 이행해나가고 있다고 언급한 바 있다. 그러나 그때는 언어와 힘의 관계를 본격적으로 고찰하지 않았다. 하지만 이번엔 3장에서 언어와 권력의 관계를 나름대로 깊이 있게 분석하려 한다. 그다음 위기 후의 세계에서는 지식을 기초로 하는 '진술능력'의 중요성이 증대하고 있다는 점을 논의해 보겠다.

추상적인 논의만으론 현실 정치의 움직임을 파악할 수 없다. 다극이라고는 하나, 위기를 불러온 장본인인 미국은 여전히 중요한 나라가 될 것이다. 오바마 정권하의 미국은 어떠한 가능성을 가지고 있을까? 또 오바마 정권이 주의해야 할 함정은 무엇일까? 이것이 4장이 다루는 문제들이다.

일본으로선 미국 못지않게 중요한 것이 아시아의 동향이다. 5장에서는 냉전 후 아시아 지역 상황이 어떻게 변해왔는지 살펴본다. 더불어 일본의 아시아 정책을 검토하고 그중에서도 중국을 국제 협력적이고 안정적이며 번영된 국가로 연착륙시키는 것이 일본의 최대 목표의 하나라는 점을 밝히려 한다. 이를 위해서도 공고하고도 신뢰에 기초한 일·미 안전보장 체제의 유지가 필요하다고 지적한다.

마지막으로 종장에서는 3장에서 다룬 힘의 원리와 그 외의 장에서 논의한 구체적인 국제정치의 모습에 근거해 일본이 앞으로 국제정치에서 어떻게 하면 적극적인 역할을 할 수 있을지 고찰한다. 인구와 경제력과 같은 상대적인 규모는 저하되었지만, 일본은 여전히 세계적인 역할을 지속적으로 수행할 잠재력을 지니고 있다. 그러자면 일본의 능력을 최대한

끌어올릴 조치가 필요하다.

나는 1996년에 발간한 『새로운 중세新しい中世』(日本經濟新聞)라는 책에서 냉전 후의 세계시스템의 대략적인 조망을 제시한 바 있다. 현재까지도 그 전체 틀은 수정할 필요가 없다고 생각한다. 그러나 『새로운 중세』에서 제시한 힘의 논리와 정치를 한층 더 고차원적으로 고찰할 시점이 되었기에 몇 개의 논문에서 이미 언급했던 것과 같이 '언력정치'라는 개념을 제시했다.

그 후 9·11 사건이 발생함에 따라 현대 국제정치에서 테러가 가지는 의미와 이를 포함한 세계시스템을 다룰 이론적인 견해들을 재정리할 필요가 있다고 생각했다. 그러나 그동안 동아시아를 중심으로 하는 현대 국제정치사, 『아시아 속의 일본アジアのなかの日本』(NTT)을 집필하느라 이 문제에 전념할 수가 없었다. 또 대학에서 행정 업무를 맡았기 때문에 좀처럼 일을 진척하지 못했다. 그렇게 생각하고 있던 차에 발생한 것이 2008년 9월, 세계 금융위기였다.

이것 참 큰일이라고 생각했고 이 사태를 포함해 이론적인 재구성을 하려면 수년의 준비가 필요하지 않을까 생각했다. 이처럼 주저하고 있던 내게 2008년 10월 중순 일본경제신문출판사에서 서둘러 책을 출간하자는 의뢰가 왔다. 준비도 미흡하거니와 시간도 낼 수 없다고 답했지만, 출판사 측은 12월 겨울방학에 집중 강의 형태로 구술해 그것을 정리하면 출판할 수 있지 않으냐고 다시 제안했다.

그 결과 나온 책이 이 책이다. 지금까지 생각해온 국제정치의 전망에 근거하고 신문과 미디어에 나온 정보를 샅샅이 분석하는 과정을 거쳐 구술해가면서 써나간 책이다. 나름대로는 짧은 시간에 전력을 다했지만 미흡한 점이 많을 것이다. 읽으면서 판단해주기 바란다.

결국, 일본경제신문출판사의 권유가 없었더라면 완성할 수 없었던 책이기에 관계자에게 깊이 감사드린다.

2009년 2월

다나카 아키히코

차례

序

새로운 위기의 20년, 1989년에서 2009년까지

1. 새로운 위기의 20년이란?

냉전 종식과 그 후 20년

1989년 가을, 베를린 장벽 붕괴를 냉전 종식의 상징이라 한다면 2009년은 냉전 종식 20주년이 되는 해이다. 국제적인 대결을 가져온 냉전이라는 획기적인 한 시대가 끝나고 20년이 지났다. 인류에게 다행인 점은 냉전이 끝난 20여 년간 적어도 주요 강대국 사이에서는 전쟁이 일어나지 않았다는 사실이다.

그러나 냉전이 끝난 직후 자주 논의된 것은 이전과 달리 불안정한 시대가 시작된다는 것이었다. 시카고 대학의 존 미어사이머John J. Mearsheimer 교수는 한 논문에서 "지금부터 미래로 돌아가지만, 미래로 돌아가고 나면 19세기처럼 다극의 불안정한 시대가 될 것이다. 따라서 사람들은 냉전시대를 그리워하게 될 것"이라고 서술했다.[1]

미어사이머 교수가 한 예언의 일부는 빗나갔다. 즉 강대국 간의 전쟁은 일어나지 않았고 유럽이 불안정한 지역이 되지도 않았다. 그러나 냉전이 끝난 후의 20년이 평화와 안정의 멋진 시대였다고 말하기도 어렵다. 즉 20년을 돌아보면 큰 전쟁은 일어나지 않았지만, 위기 상황이 연

1 John J. Mearsheimer, "Back to the Future: Instability in Europe After the Cold War," International Security, Vol, 15, No. 4[summer 1990]

쇄적으로 발생했다고 말할 수 있다.

'전쟁 후의 20년'이라 하면 한 권의 책이 떠오른다. 에드워드 카Edward Hallett Carr의 『위기의 20년The Tewnty Years' Crisis, 1919~1939』이다.

에드워드 카는 『역사란 무엇인가What Is History』를 저술한 역사학자로 러시아혁명 연구의 권위자이며, 한스 모겐소Hans Morgenthau와 나란히 20세기 현대 국제정치학을 창시한 인물이기도 하다. 에드워드 카가 현대 국제정치학의 창시자로 인정받을 수 있었던 것이 바로 『위기의 20년』 때문이다.

이 책에서 에드워드 카는 제1차 세계대전 종결 이후의 20년을 돌아보고 국제정치의 현실을 과학적으로 분석하려면, 이상주의적인 방법으로는 부적절하고 힘의 현실을 직시한 현실주의자의 국제정치학을 새로운 학문으로 확립해야 한다고 주장했다.

제1차 세계대전이 끝나자, 세계 여론은 국제법과 국제 도의를 중시하기 시작했다. 국제연맹과 같은 국제조직이 평화 유지에 나서면 문제가 해결될 것이라는 인식이 힘을 얻었다. 에드워드 카는 이러한 인식을 유토피아적이라고 비판하면서 20세기 후반 국제정치학의 기초가 된 몇 가지 견해를 제시했다. 이로써 제1차 세계대전에서 제2차 세계대전까지의 '위기의 20년'의 경험에 근거한 국제정치학이 발전하게 되었다.

에드워드 카의 접근 방식에 따라, 냉전 종식 이후의 20년간도 '위기의 20년'이었다고 할 수 있지 않을까? 새로운 '위기의 20년'을 분석할 때 어떤 국제정치학이 탄생할 수 있을까? 일찍이 에드워드 카는 힘의 현실을 눈여겨봐야 한다고 주장했다. 그렇다면, 새로운 '위기의 20년' 동안 나타난 힘의 현실은 과연 어떤 것이었을까?

냉전 후의 지난 20년을 반추해보면서 어떠한 세계시스템이 나타나기 시작했는지 냉정히 생각해볼 필요가 있다. 에드워드 카는 1920년대에서 1930년대로의 변화를 다음과 같이 정리했다.

> "위기의 시대는 역사 과정에서 보기 드문 현상은 아니다. 그러나 1919년부터 1939년까지 20년간은 어떤 독자적인 특질을 발견할 수 있다. 전반 10년간의 꿈 꾸는 듯한 기대가 후반 10년에 가혹한 절망으로 반전되어, 현실을 고려하지 않은 유토피아에서 유토피아의 요소가 아주 철저하게 배제된 현실 세계로 곤두박질쳤다. 1920년대에 나타났던 신기루는 지금 다시 불러올 수 없는 한 세기 전의 모습을 담은 영상에 불과하다. 그것은 영토와 시장을 끊임없이 확대했던 황금시대를 떠올리게 한다. 그 시기는 자신에 찬 영국이—그다지 무거운 짐으로 여기지 않았던—자신에게 주어진 패권으로 세계의 치안을 유지했던 황금시대였고, 열강 사이의 공동 개발로 물자 공급 지역이 점차 확장해감에 따라 충돌이 조정되어 어느 정도 통합이 나타났던 서구문명의 전성기였다. 이때는 일부의 복리가 전체의 복리이고 경제적으로 바른 것은 도덕적으로 나쁠 수 없다는 식의 편리한 사고가 팽배했던 황금시대였다." (『위기의 20년』, 406~407쪽)

1920년대엔 신기루가 있었다. 이 신기루가 냉전 후에 찾아온 새로운 위기의 20년 시기에도 있었을까? 에드워드 카가 위의 책을 쓴 1939년 이후 세계정세는 악화하기에 이르렀고 에드워드 카의 처방전이 모두 정확하지는 않았다. 그러나 위기의 시대에 신기루 현상이 존재했다는 것은 엄연한 현실이다.

2. 양극에서 단극으로?

소련 붕괴와 양극의 퇴장

그러면 이 새로운 20년을 돌아보면 어떤 것을 알 수 있을까?

첫째, '단극의 세계'라는 견해가 등장했다가 퇴장했다는 점이다. 냉전이라는 미·소 양극 대립의 시대가 소련의 굴복과 소멸이라는 형태로 끝나자, 양극 중 하나가 굴복해서 사라졌으니, 세계가 단극이 될 것이라는 견해가 유력해졌다.

미국의 칼럼니스트인 찰스 크라우사머는 1990년에 쓴 논문「단극의 순간」에 이렇게 적고 있다.[2]

> "냉전은 끝났다. 이제 미국에 대항할 만한 국가는 없어졌다. 미국 정도의 군사력을 가진 나라는 세계 어디에도 없다. 그런 만큼 미국은 자신의 힘을 미국인이 바르다고 믿는 목적에 사용할 수 있게 되었고, 우리는 그것을 사용할 것이다."

이 주장을 가장 잘 구현시킨 것은 이후 네오콘이라 불리게 된 사람들

2 Charles Krauthammer, "The Unipolar Moment," Foreign Affairs, America and the World 1990 · 91

이다. 찰스 크라우사머도 네오콘의 한 사람이다.

네오콘 논자들은 미국의 자유주의를 이상적으로 바라본다. 즉 세계를 미국이 추구하는 자유민주주의의 가치 아래 하나로 묶음으로써 평화를 달성할 수 있다고 믿는다. 네오콘은 일반적인 자유주의자들과는 다르게 목적이 정해지면 힘을 최대한 사용해야 한다고 주장한다. 나아가 미국의 힘이 다른 국가들을 압도하고 있기에 다른 국가들이 따라오지 않더라도 미국이 원한다면 혼자만으로도 세계를 변혁해나가는 것이 가능하다고 생각한다.

이라크전쟁과 유고슬라비아 분쟁

냉전이 끝나자 미국의 지도력은 실제로 커졌다. 예를 들면 아버지 부시 대통령(1989~1993) 시대에 발생한 이라크전쟁 때에 미국은 유엔 안전보장이사회의 결의를 이용해, 세계 모든 나라의 지지를 받아 이라크를 쿠웨이트에서 몰아낼 수 있었다.

미국은 이라크전쟁을 마치고 유고슬라비아 분쟁에도 개입했다. 클린턴 대통령(1993~2001) 시대에 유고슬라비아 문제, 보스니아 헤르체고비나, 코스보 문제가 발생했다. 미국은 상당히 난폭한 나토군의 공중폭격을 동원해 세르비아의 밀로셰비치 정권을 뒤엎었다.

이때까지는 미국이 주도하는 방법을 동맹국들이 그런대로 지지해왔다. 힘의 행사에서 미국의 일방주의unilateralism가 그다지 현저하지 않았던 아버지 부시 시대와 클린턴 시대에는 어느 정도 국제적인 협조를 받아 미국의 힘을 행사했다고 할 수 있다.

9·11과 아프가니스탄 그리고 이라크

아버지 부시나 클린턴 시절에서 보듯이, 네오콘의 사상이 냉전 종결 후 곧바로 미국 지도자의 머릿속을 지배한 것은 아니었다. 그러나 2001년 9·11 이후 무언가 해야 한다는 의식이 급속히 확산한 가운데 네오콘의 생각이 부시 정권(2001~2009)의 대외관계를 이끌어가게 되었다.

9·11이 너무나도 충격적이었기에 미국의 아프가니스탄 공격은 전 세계의 압도적인 지지를 받았다. 그러나 2003년의 이라크 공격은 미국의 동맹국을 이분시켰다.

네오콘 논자들은 이라크를 침공할 때, 단순히 '사담 후세인이 대량살상무기를 가지고 있기 때문에', '유엔결의를 위반했기 때문에'라는 이유만으로 공격하지는 않았다. 그들은 이 기회에 미국의 힘을 사용해 이라크를 일거에 민주화시키고 이라크의 민주화를 시작으로 중동 전체를 민주화시켜, 이로써 가장 불안정한 지역을 안정화하려고 했다.

물론 세계는 사담 후세인이 대량살상무기를 보유하고 있을 것으로 의심했다. 후세인은 국제원자력기구IAEA의 사찰에도 비협조적이었다. 따라서 무력 공격의 가부를 국제법으로 논하는 것이 가능했고 미국의 동맹국들은 자신의 국익에 따라 미국의 이라크 공격을 지지했다.

일본의 고이즈미 정권은 분명히 북한 문제와 연계한 일·미 협력을 중시해 미국 지지를 표명했을 것이다. 유럽에서도 공산권에서 막 벗어난 폴란드 등 중부, 동부 유럽 국가 대다수가 대미 협조를 중시해 이라크 공격을 지지했다.

그러나 프랑스와 독일은 '이라크 공격이 정말 필요한가?' 하는 회의적인 태도를 보였다. 이에 미국은 '안 따라와도 괜찮다'라는 식으로 대응했다.

그런데 그 후 이라크는 어떻게 되었는가? 장기적으로는 알 수 없지만(장기적으로는 이라크가 민주화되어 중동의 본보기가 될 가능성도 부정할 수 없다), 단기적으로 비용과 인명 피해라는 면에서 미국의 개입이 성공적이었다고는 할 수 없다. 미국을 바라보는 세계의 시선은 냉담해졌고 미국 내에서도 부시 전 대통령의 지지율이 크게 하락했다.

이러한 사례들은 무엇을 의미하는가. 미국이 지닌 거대한 힘이 중요하다는 것은 틀림없는 사실이다. 하지만 '단극의 시기'라는 발상에는 힘의 '오만함'이 자리 잡고 있었다. 군사력이 아무리 압도적이라 해도 군사력만으로 이룰 수 있는 것에는 한계가 있다. 군사 작전에서 승리했지만, 이후 이뤄진 미국의 이라크 통치는 명백히 준비 부족이었다. 초강대국 미국이라도 한 나라의 힘으로 무엇이든지 할 수 있는 것은 아니라는 것이 분명해졌다.

이렇게, '단극의 세계'라는 견해가 등장하고 퇴장한 것이 '새로운 위기 20년'의 첫 번째 사건이었다.

3. 자유방임의 승리?

자본주의의 승리, 작은 정부와 규제 철폐

'새로운 위기의 20년'의 두 번째 사건은 '시장 원리주의'의 등장과 퇴장이다. 이것은 냉전의 한 속성과 관계가 있다. 냉전은 미·소 양 진영의 군사적 대립과, 자유주의와 사회주의 경제체제의 대립이라는 두 가지 측면이 있었다. 서방의 이데올로기가 자유주의였고 동구의 이데올로기는 마르크스레닌주의였다. 보다 경제용어에 가깝게 말하면, 서방은 자본주의 시장경제 시스템을 채택해 진행했고, 동구는 사회주의 계획경제를 촉진했다고 할 수 있다. 냉전의 종언은, 바꿔 말하면 자본주의 경제가 사회주의 경제에 거둔 승리였다.

미·소 양극 대립에서 소련의 패퇴가 미국 주도의 단극세계를 만들어낸 것처럼 사회주의 계획경제의 패퇴는 자유주의 경제의 우월성을 드러냈을 뿐만 아니라 '시장 원리주의'라고도 할 수 있는 극단적인 자유방임주의를 불러왔다. 이러한 사고방식의 등장과 퇴장이 두 번째 사건이다.

예컨대 서방의 경제가 동구를 압도한 것이 반드시 서방 자본주의 경제가 '자유방임'의 순수한 시장경제였기 때문만은 아니었다. 시장이 실패하면 정부가 사회복지 면에서 역할을 다하고, 정부가 실패하면 시장이 나서는 상호 영역을 늘림으로써 균형을 취하는 운영 방식이 서방의 승리를 이끈 것이다.

그러나 1970년대 이후 서방에서는 '큰 정부'를 비판하는 목소리가 강해졌다. 영국의 대처 총리(1979~1990)와 미국의 레이건 대통령(1981~1989) 등이 가능한 한 규제를 철폐해 '작은 정부'를 만들려고 노력했다. 이처럼 '작은 정부'를 만들려는 움직임은 냉전 종식으로 서방의 승리가 확실해지자, 그 정당성을 부여받아 전 세계로 확대되었다.

아시아의 기적과 1997년 위기

시장 메커니즘의 도입으로 좋은 결과가 나온 것은 사실이다. 지금까지 좀처럼 경제발전을 이룰 수 없었던 아시아의 여러 국가에서 기적적인 경제성장이 이뤄진 것이 그 첫 번째 예이다.

냉전 종결에 앞서서 중국의 덩샤오핑은 개혁·개방을 추진하면서 마오쩌둥 시대의 자력갱생 노선을 포기했는데 이것이 그 후 중국의 경제발전으로 이어졌다. 게다가 지나치다 싶을 정도로 규제가 없었던 가운데 1985년 플라자 합의[3] 이후 동남아시아로 흘러간 대량의 일본 자금이 이

3 플라자 합의(Plaza Agreement/Plaza Accord)란 1985년 9월 22일 미국 뉴욕 플라자 호텔에 G5 경제선진국인 미국, 영국, 프랑스, 독일, 일본의 재무장관, 중앙은행총재들이 모여 발표한 환율 조정 합의를 말한다. 당시 미국은 대외 무역수지 불균형과 재정 적자에 시달리고 있었다. 이것이 레이건 정부의 유명한 쌍둥이 적자이다. 그러자 미국은 경제선진국에 환율 합의를 요청한다. 이 합의에서 달러화의 가치를 내리고 엔화의 가치를 높이는 정책이 채택되었다. 발표 다음 날에 달러화 환율은 1달러에 235엔에서 215엔으로 하락했다. 1년 후에는 달러의 가치가 거의 절반이나 떨어졌다. 이 합의로 급속한 엔고 현상이 진행되자 일본은 저금리 정책을 내세웠다. 이 저금리 정책이 부동산 투기를 몰고 와 거품 경제를 가열시켰다. 또 엔고로 일본 경제 규모는 상대적으로 급속히 확대되었다. '반액 세일'로 일컬어지는 미국 자산 사들이기, 외국여행의 붐, 동남아시아 등 환율이 낮은 나라로의 공장 이전 등이 계속되었다. 이러한 현상은 결국 1990년대 일본

지역의 경제에 활기를 불러일으켰다.

그러나 규제가 점차 철폐됨에 따라, 그중에서도 각국 금융시장의 규제가 완화되고 새로운 금융 상품이 차례차례 만들어지면서 단기자금의 유출입 규제가 사라지게 되었다. 그 결과 어떤 일이 발생했을까. 그 상징적인 대파탄이 1998년 아시아 금융위기였다. 그것은 타이, 인도네시아, 말레이시아, 한국에 대량으로 유입된 단기자금이 일제히 회수되면서 발생한 위기였다.

자유방임과 서브프라임 위기

1997년 아시아의 금융위기에도 '규제는 적으면 적을수록 좋다'는 기조는 크게 흔들리지 않았다. 실제로 아시아의 금융위기는 아시아에만 머물지 않고 러시아의 디플레이션 위기(1998) 등 여러 곳으로 전파되었다. 2000년과 2001년에 발생한 미국의 IT 거품 붕괴도 아시아 금융위기의 연장선에서 나타난 것이다.

이러한 위기가 발생했음에도 자유방임 사상은 후퇴하지 않았다. 그 요인 중 하나는 일본의 거품 붕괴와 '잃어버린 10년'이었다. 냉전 종결 전까지 일본 경제가 미국을 위협할 정도로 강하다는 인식이 널리 퍼져 있었다. 미국의 과제는 당연히 일본 경제에 대항하는 것이었다. 여기에다 일본 경제는 미국형의 시장 중시 경제 모델이 아니고 정부가 큰 역할을 하는 모델이었다.

그 일본 경제가 냉전 종식 후 붕괴해, 활기를 잃었다. 그러자 역시 일

내 부동산 거품이 붕괴하면서 이른바 일본의 '잃어버린 10년'을 불러온 가장 큰 원인이 되었다.(역주)

본과 같은 정부 중심의 모델은 안 된다는 견해가 널리 퍼졌다. 따라서 아시아 금융위기가 발생했을 때도 미국에서는 자유방임 사상이 아주 강했다. '이제 미국에서 경기후퇴는 일어나지 않는다', '뉴이코노미 시대가 도래했다'는 등의 논의가 있었고 나아가 '경기후퇴는 일어날 수 없는 현상이다'는 주장까지 나타났다.

그러나 경제사적 관점에서 시장이 실패하기도 한다는 것은 상식이다. 서브프라임 문제를 계기로 발생한 2008년 금융위기로 세계는 이 상식에 다시금 주의를 기울이게 되었다. '시장도 크게 실패를 할 수 있다'는 것도 '단극으로는 잘 되기 어렵다'는 것과 마찬가지로 냉전 종식 후, 하나의 사고방식이 승리한다는 도취감에 빠진 세계가 갈 데까지 가서 겪은 결과였다. 그것이 20년의 위기 속에서 얻은 교훈이다.

4. 세계화의 가속화

월드와이드웹의 등장

냉전이 끝난 1989년 시점만 해도 이메일이 사용되긴 했지만 월드와이드웹www은 아직 실용화되지 않았다. 인터넷은 단순히 한쪽에 있는 정보를 다른 쪽으로 전하는 것일 뿐이었다.

그런데 1990년대를 시점으로 인터넷상의 문서끼리 상호 링크가 가능한 시스템, 즉 월드와이드웹이 가능해졌다. 사람들은 앉은 채로 지구 반대편인지, 어디에 있는지 알 수 없는 정보를 컴퓨터로 가져올 수 있게 되었다. 이것은 정확히 20년 전에 일어난 현상이며, 1989년 이전에는 불가능했던 일이다.

이러한 세계화·국제화의 진전은 앞서 서술한 단극의 시기에 나타난 거만함과 오만함이 불러온 위기, 혹은 시장이 일으킨 위기를 가속한 면이 있다. 미국의 소식은 눈 깜짝할 사이에 전 세계에 널리 퍼지고 세계 모든 금융시장은 여기에 맞춰 동시에 움직인다. 오늘의 닛케이 평균 주가가 어떻게 변할지는 바로 몇 시간 전의 미국 다우 평균 주가를 보면 대체로 알 수 있다.

국제 테러 네트워크

세계화는 여러 가지 변화를 가져왔다. 특히, 국제정치에 악영향을 미치는 국제 테러 네트워크의 등장은 중요하다. 9·11 사건은 테러리스트가 인터넷과 그 외의 여러 수단을 이용해 종래에는 불가능했을 법한 국제 연대 활동을 벌일 수 있었기에 가능했다.

게다가 세계무역센터 빌딩의 파괴 자체는 평범한 비행기를 사용한 저급 기술 방식이었기 때문에 그때까지 그 방법을 생각해본 사람이 없었다고는 할 수 없다. 하지만, 그러한 것을 어떻게 기획하고 어디에서 훈련하고 어떻게 연대할 것인가를 생각해보면 국제적인 네트워크를 통해서 이뤄졌다는 것이 명백해진다. 이것은 필연적으로 세계화가 가져온 하나의 귀결이다.

물론 국제적인 민간항공 네트워크의 발달도 상당 부분 영향을 미쳤을 것이다. 20세기 후반, 개발도상국을 중심으로 한 항공 네트워크가 망처럼 촘촘히 연결되어 모든 비행을 통제할 수 있게 되었지만, 출입국 관리 같은 시스템에는 여전히 허점이 많다.

어쨌든 최근 테러리스트의 인재 공급과 모집 등이 세계화하는 추세로 가고 있음은 틀림없다.

새로운 환경에 둘러싸인 국가

이처럼 냉전 종식 후의 20년은 세계화의 20년이다. 그 결과, 내가 1996년에 『새로운 중세』라는 책에서 서술했듯이 국가 자체는 없어지지도 않고 중요성이 저하되지도 않지만, 국가의 힘을 상대화시키는 다양한 활동 주체actors가 등장했다.

국가는 자신보다도 '아래'에 있던 존재, 즉 원래는 국가 속에 있었던 존재가 국경을 넘어 활약하는 사태에 직면하고 있다. 기업과 NGO가 세계적으로 활약하고 있을 뿐만 아니라 국가의 '옆'에는 국가를 부정하는 테러리스트 등이 존재하고 있다. 국가는 테러 대응에 늘 고심한다. 게다가 국가의 '위'에는 국제조직도 존재한다. 국제연합이 만능의 존재는 아니지만, 국가는 국제연합을 완전히 무시하고 행동할 수는 없다.

부시 정권의 미국은 국제연합 따위는 신경 쓰지 않아도 된다는 듯이 행동했지만, 역시 그 대가가 매우 혹독하다는 점을 뒤늦게 알아차렸다. 그래서 지금은 국제연합의 안전보장이사회를 중시하게 되었다.

결국, 국가는 자신의 '아래', '옆', '위'에서 다양한 활동주체들과 마주해야 하는 상황에 직면한 것이다. 각 활동주체 간의 관계는 아주 복잡하다. 테러리스트 지원국이 많지는 않지만, 테러리스트의 배후로 어딘가의 국가에서 자금이 간접적으로 흘러들 가능성은 충분히 있다.

예를 들어 일부 테러리스트는 아프가니스탄에서 생산되고 유통되는 마약 거래에 개입해 자금을 마련하기도 한다. 이 같이 상황은 복잡하게 뒤얽혀 있다.

새로운 위협에 어떻게 대응할까?

현재 세계는 냉전 종식이라는 구조 변동에 어떤 원리로 어떻게 대응하는 것이 좋을까 하는 데에, 충분한 합의를 이루지 못하고 있다. 지금까지 살펴보았듯이 냉전 종식 후 압도적으로 강한 군사력을 지닌 미국이 단독으로 세계정치를 주도했지만 결국 미국 단독으로는 잘되지 않았다. 자본주의가 사회주의에 승리했으므로 자유방임으로 하면 다 된다는 생각도 이

제 통용되지 않는다.

또한, 세계화가 진행되어 일방적으로 시장경제의 발전과 함께 번영을 이룰 수도 있겠으나, 한편에서는 세계화의 결과로 새롭게 등장하는 다양한 활동주체를 어떻게 다루면 좋을까, 특히 테러리스트에 어떻게 대응하면 좋을까, 하는 등의 새로운 문제가 발생했다.

권력의 본래 모습과 시장의 본래 모습이 무엇이며, 지금까지 볼 수 없었던 새로운 형태의 안보 위협과 그러한 위협에 어떻게 대처해야 하는가. 이러한 물음에 바로 답할 수 없는 현실이 바로 우리가 처한 상황이다.

에드워드 카가 1939년, 『위기의 20년』을 내놓았지만, 위기는 더욱 심화해, 결국 제2차 세계대전이라는 파국을 맞았다. 새로운 질서가 형성된 것은 제2차 세계대전 종결 후의 일이었다. '새로운 위기의 20년' 후에도 또다시 위기가 등장할지도 모른다. 2008년의 금융위기를 1929년에 비유해 바라본다면, 이 위기는 10년 이상 지속할지 모른다. 무슨 수를 써서라도 이전의 '위기의 20년' 같은 파국은 막아야만 한다.

그렇게 하려면 어떤 점에 유의해야 할까. 현재의 위기가 가지는 성격은 무엇일까. 그리고 이 위기 이후, 즉 위기 이후의 세계는 어떻게 될까. 새로운 위기 20년 후에 나타날 시대에 적합한 국제정치학은 무엇일까를 이 책에서 곰곰이 생각해보고자 한다.

제1장
세계의 대파국은 피할 수 있을까?

1. 국제정치와 보호주의의 위협

1929년 대공황

2009년의 시점에서 세계 최대의 과제는 언제 끝날지 알 수 없고 언제 바닥을 칠지 알 수 없는 금융위기이다. 이 금융위기의 정치적 귀결은 무엇일까. 금융위기 자체의 분석도 중요하고 또 금융위기가 실물경제에 미칠 영향을 분석하는 것도 중요하지만, 국제정치학의 관점에서 볼 때, 무엇보다 중요한 것은 이 금융위기가 국제정치에 미칠 영향이다.

왜냐하면, 과거 몇 세기 동안의 세계시스템의 움직임을 보면 정말 두려워해야 할 것은 금융위기로 나타난 정치상의 문제였기 때문이다. 금융위기로 기업이 도산한다든지 불황으로 실업자가 늘어난다든지 하는 것도 중요한 문제지만, 이것이 전쟁이나 그 외의 정치적인 문제로 이어진다면 이때는 경제 차원을 넘어선 다른 문제가 된다.

이 장에서는 심각한 금융위기가 어떤 정치 문제를 불러올지, 그 '가능성'을 고찰하고자 한다. 여기서 논의하는 것은 가능성이기에 꼭 그렇게 된다고는 할 수 없다. 이러한 가능성이 있는데 그것을 막으려면 어떻게 해야 할까, 하는 것을 생각해보자는 것이다.

'가능성'이라는 것은 물론 머릿속에서만 생각할 수도 있지만, 세계적인 금융위기는 과거에 몇 차례나 실제로 발생했다. 여기서는 그렇게 실제로 일어났던 사건을 참고해보는 것이 좋을 것이다.

미 연방준비제도 이사회 의장을 역임한 앨런 그린스펀Alan Greenspan은 이번의 금융위기를 "100년에 한 번 있을까 말까 한 위기"라고 말했다. 100년에 한 번이라고 하면 그 이전의 위기는 언제였을까.

그것은 두말할 것 없이 1929년 이후의 세계 대공황이다. 세계 대공황이 이전의 사례라고 한다면 사실 안심할 수 있는 이야기가 아니다.

시장과 사회와의 관계를 철저하게 고찰한 경제학자 칼 폴라니Karl Polanyi는 『거대한 전환Great Transformation』이라는 책을 발간했다. 그의 대표작이라 할 수 있는 이 책은 제2차 세계대전 중에 집필해 1950년대에 출판한 것으로, 주로 19세기에서 20세기에 걸친 시기의 세계경제와 정치의 관계를 잘 분석하고 있는데, 그중에서 1920년대를 둘러보며 다음과 같이 서술했다.

> "간단히 말하면, 시장 부문에서 발생한 긴장이 정치 영역으로 확산해 사회 전체를 뒤덮었다는 것이다. 그러나 한 나라 안에서 보면 세계경제가 기능하는 한, 긴장은 잠재적인 것으로 머물러 있었다. 마지막까지 살아남았던 제도인 금본위세가 종언을 고했을 때, 비로소 (나라별로) 긴장은 현실적인 것이 되었다. 새로운 상황에 대처한 각국의 대응은 달랐지만, 기본적으로는 전통적인 세계경제가 무너진 데에 따라 나름대로 그 대응책을 마련한 것이다. 이 전통적인 세계경제가 산산이 붕괴하자 시장 문명 자체도 함께 바다 밑에 가라앉아버렸다." (294~295쪽)

국제무역의 축소와 관세 인상

시장 문명이 '바다 밑으로 사라지는' 과정에서 과연 어떤 일이 일어났을까. 1929년 월가의 금융 붕괴 후 뉴욕 주가는 널뛰기 장세를 거듭하다가 1932년, 마침내 바닥으로 곤두박질쳤다.

이 금융위기는 실물경제의 불황을 가져왔다. 킨들버거Charles P. Kindleberger는 불황이 다음과 같은 과정으로 심각해졌다고 말한다.

"디플레이션의 연쇄작용으로 주식의 하락과 생산 소멸, 재고 정리가 한 쪽에서 진행되었고, 다른 한쪽에선 주식가격과 상품 가격의 하락, 그리고 수입액의 감소가 진행되었다. 양자 모두 급속하게 진행되었다. 주식시장

그림 1 **뉴욕 주가**(1926–1938년, 스탠더드 스태티스틱 지수)

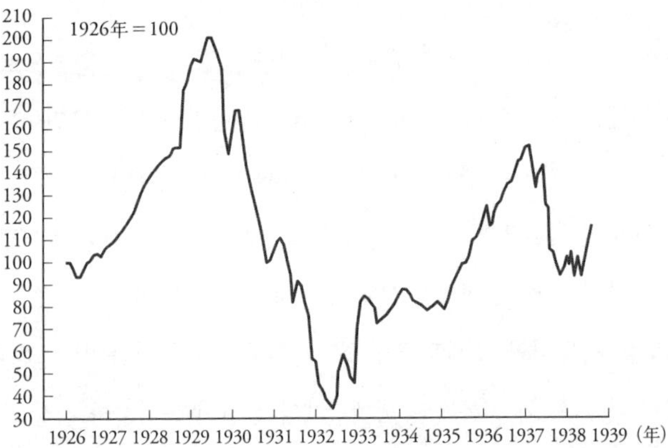

자료 1934년까지는 League of Nations, Statistical Yearbook, 1935–1938년에 관해서는 Standard Statistics(1934–1936년 기준을 1926년으로 환산)

출처 Charles P. Kindleberger, 石崎昭彦·木村一朗 譯, 『大不況下の世界 1929–1939』(東京大學出版會), p. 90

과 상품 시장의 동반 하락은 심리적인 요인도 있었지만, 신용기구의 조치도 한몫했다. 말하자면 유동성을 방어하려는 은행과 기업의 고투에서 시작된 것이다. 그런데 1929년 말엔 금융시장이 급속히 완화돼 있었기에 이 압박 요인이 작용하지 않았다. 그러나 그것은 너무 늦었다. 선진국이 저개발국으로부터 수입을 줄이자 저개발국도 선진국에서의 수입을 삭감하는 피드백이 이미 작동해 기세를 더하고 있었다. 주식시장의 상승국면에서는 저개발국에로의 자본 이동이 중단되었고 하강국면에서는 유동성 위기를 일으켜 이것이 저개발국의 수출을 급속히 감소시키는 결과를 낳았다. 이러한 과정은 미국 경제에 큰 영향을 미쳤다. 해가 바뀌자 미국의 수출은 대폭 감소 추세로 전환되었다." (103~104쪽)

이 과정의 결과는 〈그림 2〉에서 볼 수 있듯이 세계 무역의 나선형 감소로 나타났다. 각국의 국내총생산 통계는 나라마다 달랐는데 1928년부터 1935년까지의 최고점과 최저점을 분석한 엥거스 메디슨Angus Maddison의 추계를 보면 각국의 GDP는 미국이 28.5%, 독일은 24.5%, 프랑스 14.7%, 일본이 7.3% 각각 감소했다.[4]

1920년대에 미국의 자동차 생산은 성장세를 지속해 1929년 536만 대를 생산했다. 그러나 1933년에는 겨우 193만 대를 생산하는 수준으로 떨어지고 말았다. 실업률도 급격히 높아져 1933년에 미국은 24.9%, 영국은 21.3%, 독일 26.3%를 기록했다.[5]

4 Angus Maddison, 『世界經濟の成長史 1820-1992』, 金森久雄·政治經濟研究所 譯, 東洋經濟新報社, p.87

5 宮崎犀一他編, 『近代國際經濟要覽』, 東京大學出版會, 111~112쪽.

그림 2 **1929년 1월~1933년 3월 사이 세계무역의 나선형 수축**

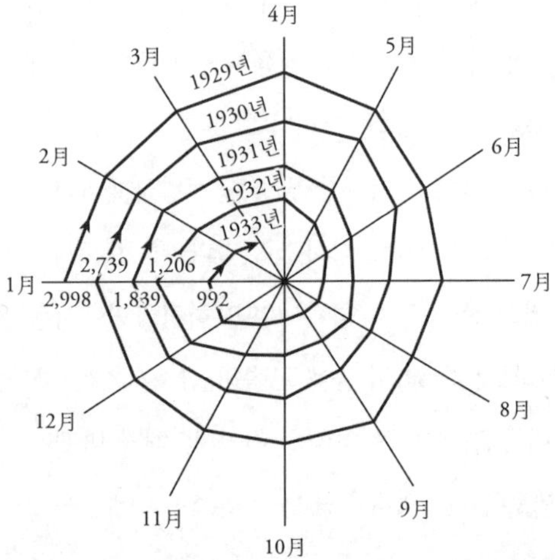

* 75개국의 총수입, 월액, 단위 100만 (구) 미국 달러

자료 League of Nations, Monthly Bulletin of Statistics, February 1934. p. 51

출처 Charles P. Kindleberger, 石崎昭彦 · 木村一朗 譯, 『大不況下の世界 1929-1939』(東京大學出版會), p.148

세계공황의 영향은 일본에서도 심각했다. 특히 1929년부터 1931년 사이에 농가 소득은 절반 아래로 떨어졌다. 아오모리현에서는 가난 때문에 자녀를 팔아넘긴 사람이 1931년 한 해에만 2천420명에 달했다. 특정 공업지대만을 대상으로 내무성에서 조사한 '실업 상황'을 보면, 추정 실업자 수가 1929년부터 1932년 사이에 19만 5천 명이 증가해, 48만 9천 명에 달했다.[6]

고학력자 실업 문제도 심각했다. 도쿄시 사회국은 1930년 5월, 고학력

6 中村隆英, 『昭和史 I』, 東洋經濟新報社, 117~120쪽.

자 실업 대책으로 관청의 임시 도우미 700여 명을 채용했다. 여기에 모두 5천857명이 응모하는 바람에 선발에 애를 먹기도 했다.[7]

이처럼 실물경제가 악화해가는 가운데 각국이 취한 무역 정책마저 그다지 협조적이지 않았다. 그 상징적인 정책이 1930년에 미국에서 나온 스무트-홀리법Smoot-Hawley Tariff Act이었다. 당시 이미 높았던 미국의 관세율을 평균 20%가량 인상하는 법률이었다. 이 법이 시행되자 각국은 일제히 보복적으로 관세를 올렸다. 이 무렵 20여 개의 국가가 '근린궁핍화정책beggar-my-neighbor policy'[8]의 악순환에 빠져들었다.

자유무역이 제약당하는 가운데 각국은 될 수 있는 한 경제블록을 높게 쌓으면서 자국의 생존을 추구해나갔다. 경제블록의 효시라고 할 만한 것이 1932년 8월 21일, 캐나다의 오타와에서 열린 '대영제국 경제회의'에서 채택한 영연방 내 특혜 관세제도였다. 영연방 내의 국가에만 특혜 관세가 적용되고, 그 외의 국가는 배제되었다. 일본으로선 큰 손해였다. 일본은 중국뿐만 아니라 동남아시아 지역의 영연방 관련국에 많은 수출을 하고 있었는데, 이 특혜 관세제도로 그곳에서 배척당한 것이다.

생존권 보호에 나선 일본과 독일

이처럼 무역이 줄어드는 가운데 독일과 일본에서는 나치와 군국주의가

7 中村隆英, 『昭和恐慌と經濟政策』, 講談社學術文庫, 124～125쪽.

8 근린궁핍화정책이란 다른 나라의 희생으로 자국의 번영과 경기 회복을 도모하는 국제 경제 정책을 말한다. 수출을 늘리고 수입을 줄여 국내 경기나 고용 상태를 개선하는 대신 타국에 실업 증가와 경기 악화를 떠넘기는 정책으로 환율 인상, 임금 인하, 수출보조금 지급, 관세 인상 등의 방법이 시행된다. 그러나 한 나라가 이러한 정책을 취하면 다른 나라도 보복 조치에 나서므로 세계무역은 침체하고 국제 경제는 더욱 악화한다.(역주)

대두하는 중요한 정치변동이 발생했다.

1928년 5월 선거에서 겨우 12석밖에 얻지 못했던 나치는 1930년 9월 선거에서는 107석으로 약진했고, 1932년 7월 선거에서는 230석을 얻어 제1당의 지위를 차지했다. 그 여세를 몰아 1933년 1월, 히틀러가 정권을 잡았다. 공황이 히틀러에게 정권을 준 유일한 요인은 아니라도 중요한 요인이었던 것은 틀림없다.

1928년 장쭤린張作霖 폭살사건[9] 등 일본에서는 세계공황 이전부터 군부의 폭주가 있었다. 이 사건의 처분이 적절히 행해지지 않았던 데다가 세계공황이 발생하자 군부 내부에서는 정치에 직접 관여를 요구하는 움직임이 점점 강해졌다. 쿠데타 계획이 계속 이어지는 가운데 그 중 몇 가지는 정치인 테러로 나타났다. 1931년 9월 18일, 관동군의 독단적인 전횡으로 만주사변이 일어난 것도 이러한 분위기의 연장이었다.

물론 그것이 곧바로 제2차 세계대전으로 이어지지는 않았지만, 경제의 악화로 보호무역이 진행되는 가운데 일본과 독일은 자신들의 독자적인 경제 공간을 요구하기 시작했다. 히틀러가 내세운 '생존권 보호'가 바로 이 같은 맥락에서 나왔다.

일본의 대응은 동아시아에 일본경제블록인 대동아공영권을 만든다는 발상으로 귀착돼갔다. 따라서 일본은 중국을 일본경제블록에 넣지 않을 수 없었다. 더구나 일본은 중국에서 손을 떼라는 강대국들의 요구를 수용할 수 없었다. 결국, 일본은 중국에서 손을 뺄 수 없게 된 것이다. 물론

---

9 1928년 6월 4일, 베이징에서 북벌군에게 패배하고 펑톈(奉天)으로 돌아가던 장쭤린이 일본 관동군의 음모로 폭살당한 사건. 관동군은 이 사건을 중국 국민당의 음모로 꾸며 만주를 직접 점령하려 하였다.(역주)

중일전쟁의 원인을 경제 문제만으로 돌릴 수는 없겠지만, 중일전쟁의 발생 배경에는 그러한 원인도 있었다.

세계경제가 위축되자 자국의 생존을 건 싸움이 대세가 되었다. 일본과 독일은 이 시기의 세상을 '가진 나라와 못 가진 나라'로 분류했다. '가진 나라'인 미국과 영국은 이미 세계 곳곳에 많은 식민지를 보유하고 있었기에 그것을 바탕으로 살아갈 수 있었다. 하지만 일본과 독일, 이탈리아처럼 19세기 제국주의 식민지 획득 경쟁에 뒤늦게 나선 나라들은 자신들의 블록을 만들 수 없었다. 대단히 불공평한 처지에 놓인 것이다. 당시의 블록경제 질서는 구세력의 세계 지배이기에 신흥세력은 어떻게 해서든 이것을 타파해야 했다.

일본 또한 중일전쟁에서 태평양전쟁 개전에 이르기까지의 과정에 다소 우여곡절도 있었지만, 궁극적으로는 미국과 영국이 주도하는 국제질서에서 살아가는 것이 불가능하다는 인식이 점점 강해지고 있었다.

1930년대의 교훈

물론 현재의 금융위기가 1930년대 같은 대파국으로 이어질 가능성은 적다. 2008년 가을부터 2009년 초에 이르기까지 취한 미국과 세계 각국의 대응은 1929년과는 비교할 수 없을 정도로 신속하고 적절했다. 그런 의미에서는 1930년대의 역사적 교훈을 잘 살린 면이 있었다. 단, 염려해야 할 점은 세계 대공황 때 사태가 악화한 시기가 금융위기 발생 직후가 아니라는 사실이다.

특히 금융위기가 정치에 영향을 미치는 경로에는 여러 갈래가 있다는 점을 주의해야 한다. 금융위기가 실물경제의 불황을 가져오고 그것이 정치에 영향을 미친다고는 하더라도, 금융위기를 일으킨 나라가 실물경제도 최악이 되고, 나아가 그 나라가 정치적 문제를 불러일으킨다는 식으로만 받아들이기엔 현실이 단순하지가 않다.

아이러니하게도 1930년대의 대공황의 방아쇠를 당긴 미국은 대파국 후 세계 최대의 패권국이 되었다. 반면 독일과 일본은 대공황을 유발한 나라가 아닌데도 정치적 문제를 일으켜 대파국을 맞이하게 되었다.

2. 근대 세계시스템의 시작

근대 세계시스템이란

만약 지금의 금융위기가 1930년대처럼 심각해진다고 하면 역사는 반복돼 독일과 일본이 다시 정치적 문제를 일으킬 수 있을까. 나는 그렇게 생각하지 않는다. 세계시스템 속에서 차지하는 1930년대의 독일, 일본과 21세기 초의 독일, 일본의 구조적인 위치가 다르기 때문이다.

오히려 주목해야 할 것은 현재 세계시스템에서 1930년대의 독일, 일본과 같은 구조적인 위치에 있는 나라가 어디이며 거기에 어떤 위험이 존재하는가 하는 것이다. 이러한 문제를 검토하기 전에 먼저 근대 세계시스템이 어떻게 작동해왔는지 되돌아보았으면 한다.[10]

근대 세계시스템은 16세기경 서유럽 주변에서 발생했다. 영토 국가라는 조직상의 혁신과 자본주의 경제의 탄생이 맞물려 발생한 시스템이다. 중세 유럽의 시스템은 다양한 권력과 권위가 복잡하게 뒤얽혀 있었다. 원칙적으로는 종교적인 권위는 로마 교회가, 세속적인 권위는 신성 로마제국이 가졌지만, 실제로는 봉건 영주와 봉건 기사가 지방에서 할거했으며 수도원과 상업 도시들을 중심으로 권력과 권위가 분할돼 복잡한 양상

10 상세한 것은 저자의 『세계시스템世界システム』(東京大學出版會)을 참조할 것.

을 나타내고 있었다. 그러다가 16세기 무렵부터는 '선'에 둘러싸인 '면'과 같이, 일정한 영역 내에 정치권력과 권위를 모두 일원화시키는 구조, 즉 중앙집권적 권력이 탄생한다.

그 이전에는 영국 국왕과 프랑스 국왕은 지금의 영국과 프랑스를 지배한 것이 아니라 여러 지역에 산재한 영토를 지배한 것이었다. 14세기에서 15세기에 거친 영국과 프랑스 간의 백년전쟁도 거의 모든 전투가 현재의 프랑스 영토 내에서 이뤄졌다. 영국 국왕은 지금의 프랑스 안에 많은 토지를 가지고 있었던 것이다. 예를 들면 와인으로 널리 알려진 보르도 등은 영국 국왕의 영지였다.

이처럼 이리저리 흩어져 그림 맞추기 퍼즐 상태에 있던 땅들이 16~17세기 동안 내전이 반복되면서 점점 '이 영역은 어느 왕의 것'이라는 식의 영지–권리 관계–가 확정돼 갔다.

영역 안에서의 권위와 권리 확립의 가장 상징적인 행위는 어떤 종교를 인정할 것인가 하는 것이었다. 영국의 헨리 8세는 단지 이혼하고 싶은 개인적인 동기로 영국 국교회를 만들었는데, 이 또한 영역의 권위 확립 행위였다.

그러한 상징적인 행위를 법적으로 확인해준 것이 1648년의 베스트팔렌조약Peace of Westfalen이다. 베스트팔렌조약으로 자기 땅의 종교는 왕이 결정하게 되었다. 즉 왕에게 '주권'이 있다는 관념이 발생한 것이다. 영토 내에는 한 사람의 주권자가 있고 이 주권자가 영토 안에서 최고의 지위를 가지며 타국과는 동등한 지위를 지닌다는 식이다. 그러한 관념들이 모여 주권국가 체제의 개념이 완성되었다.

자본주의 국가의 성장과 근대사

16~17세기경에 만들어진 주권국가 체제와 동시에 발생한 것이 국제적 자본주의였다. 자본주의와 주권국가 체제라는 두 가지 개념이 짝을 이뤄 세계로 보급돼 간 과정이 바로 근대사라고 해도 과언은 아니다. 주권국가 체제라는 것은 영토를 단위로 한 국가가 복수로 존재하는 시스템으로, 이 '복수의 존재'가 자본주의 성장의 바탕이 되었다.

만약 전 세계가 하나의 커다란 주권국가였다면, 자본주의에 '자유'라는 것은 존재하지 않았을지도 모른다. 왕은 자신의 국가를 마음대로 통치할 수 있었기에 세금을 많이 걷고 싶으면 얼마든지 그렇게 할 수 있다. 그런데 국가가 여러 개이므로, 상인은 이웃 국가로 가버리면 그만이다. 한 국가의 금리가 너무 낮으면 금리가 높은 나라로 돈이 빠져나간다. 이매뉴얼 월러스틴Immanuel Maurice Wallerstein은 이러한 것이 자본주의를 움직이는 메커니즘이 되었다고 주장한다.[11] 이 자본주의 경제와 주권국가 시스템이 함께 발생해 확산해가는 과정에서 공급의 차이가 생기면서 일종의 계층구조가 발생하게 되었다.

중심과 주변

월러스틴은 세계시스템 속에 '중심' 부분과 '주변' 부분이 존재한다고 주장했다. 경제발전이 가장 빠르고 군사적으로도 원거리 투입 능력이 뛰어난 지역은 중심이 되고 그렇지 않은 곳은 주변화되었다.

주변화의 정도에서도 차이가 발생했다. 어떤 지역은 '중심'의 진출에

11 Immanuel Wallerstein, The Modern World-System, 1974.

도 스스로 '주권국가'를 유지하면서 경제와 군사 경쟁에 참여할 수 있었다. 이들이 월러스틴이 말한 '준 주변' 국가들이다. 이에 비해 주권국가로 스스로 유지할 수 없었던 지역은 식민지 또는 반주권국이라는 형태의 '주변'으로 전락하고 말았다.

이 '중심과 주변' 구조 속에서 '중심'의 지위를 점한 유럽 열강은 세계에 진출하면서 식민지라는 형태로 주변 지역을 포섭해나갔다. 17~19세기에 걸쳐 진행된 이 과정은 대략 19세기 말쯤 근대 세계시스템이라는 틀 안에 지구의 모든 지역을 포섭하는 형태로 정착되었다. 피지배국은 어느 나라의 식민지가 되느냐에 따라 주권국가의 형태가 결정되었다.

이 '영토를 기초로 한 주권국가' 시스템은 20세기에 이르러 거의 전 지구를 덮어나갔다.

피통치자의 반란 : 시민혁명과 민족자결

이때까지는 주권국가의 절대군주가 하나의 영역을 통치했다. 여기에서 통치당하는 쪽이 반란을 일으킨 경우를 통상 '시민혁명'이라 부른다.

시민혁명은 네덜란드, 영국, 프랑스 등지에서 처음 발생했다. 네덜란드는 17세기 초, 합스부르크의 스페인으로부터 독립을 쟁취해 암스테르담 등이 참여한 시민연합 공화국을 만들어 세계경제의 패권을 거머쥐었다. 영국에서는 통치받는 자의 동의에 기초해 주권자가 통치한다는 발상이 생겨났고 미국과 프랑스에서는 통치당하는 자가 스스로 통치한다는 더욱 급진적인 민주주의가 생겨났다.

'통치당하는 자가 통치한다'는 사고방식은 결국 주권은 왕에게 있지 않고 인민에게 있다는 것으로 연결된다. 그러나 '통치당하는 자가 통치한다'는 것은 생각만큼 쉬운 것이 아니다. 통치당하는 자는 어마어마하게 많은 다수이다. 이 다수의 사고방식이 일치하리라는 보장은 전혀 없다. 게다가 다수의 생각이 어떤 형태로 집약되지 않으면 통치는 혼란스러워질 뿐이다.

이러한 시행착오 끝에 역사적으로 탄생한 개념이 '국민'과 '대의제 민주주의'이다. 국민nation이라는 개념은 정의 내리기 어려운 개념이다. 나는 국민을 '스스로 일체로서의 우리라고 생각하는 사람들의 집단'이라 정의하고 싶다. 어떻게 해야만 어느 그룹의 사람이 일체로서의 우리라는 의식을 가지게 될까라는 점에는 다양한 의견이 있을 것이다.

그러나 이러한 의식을 가진 집단이 일정 지역에 존재하고 그 지역이 주권국가로 조직돼 있다면, 이것을 국민국가라 부를 수 있다. 한편, 그러한 국민을 의식하지 않더라도 일정 지역에 사는 사람들이 대의제 민주주의라는 제도로 의사 결정에 합의하면 그것 역시 통치당하는 쪽이 통치하는 구조로 간주할 수 있다. 말하자면 제도로서의 민주주의이다. 이런 식으로 생각한다면 국민국가와 민주주의 제도는 별도로 존재할 수 있다.

중심과 자유무역 · 준 주변과 보호주의 · 주변과 탈락

세계시스템의 확대, 즉 주권국가의 조직 원리가 수출돼 세계 전체로 보급돼가는 동안 '중심과 주변'의 차이가 생겨났다. '중심'과 '주변'은 대체로 자본주의 경제가 성장하는 동안 발전 수준의 차이라는 형태로 나타났다.

근대 초기에 나타난 '중심'의 전형적인 예는 공업생산과 국제금융의 중심지였던 네덜란드였다. 그러나 18세기에는 이 중심이 영국으로 옮겨

가서 영국은 금융의 중심지로 서서히 부상했다.

18세기 말에는 이른바 산업혁명이라 부르는 커다란 혁신이 영국에서 일어났다. 산업혁명에 따라 기술을 가진 곳과 가지지 못한 곳의 차이는 크게 벌어졌다. 생산성도 몇백 배 차이가 났다. 생산성이 높은 '중심'은 자신들에게 유리한 자유무역주의를 주장했다.

그러나 어떻게든 주권국가의 구조를 만들어 중심을 따라잡으려는 '준 주변'은 우선 자국 산업을 보호해야 했다. 이들은 보호주의를 주장했다. 달리 말하면 중상주의 국가가 되는 것이다. 19세기에 이러한 준 주변의 전형은 미국과 독일이었다.

'중심'은 산업혁명의 수혜로 첨단기술을 보유한 국가이고, '준 주변'은 그것을 따라잡으려는 국가이다. 그러나 따라잡기catch up를 수행하지 못한 국가, 즉 '주변'은 낙오되었다.

세계시스템 내의 각 지역이 중심, 준 주변, 주변의 어느 위치를 점하는가를 나타내는 척도는 경제 축과 정치 축이다.

산업화와 기술혁신이 진행되면 진행될수록 경제 축은 상승한다. 이처럼 산업화와 기술혁신을 촉진하려면 시장 메커니즘이 적절한 기능을 해야 한다. 한편, 정치 축은 대체로 주권국가의 기능 강화로 나타난다. 통치의 효율화라고도 부를 수 있는 주권국가의 기능 고도화는 시대에 따라 변해왔다.

국민국가를 만드는 것도 기능 강화의 방법이다. 통치당하는 사람들이 '일체로서의 우리'라는 의식을 가지면 통치 효율은 상승한다. 또 통치받는 사람들이 '우리가 통치한다'는 의식을 가지면 통치의 효율은 더욱 상승할 것이다. 후자의 의식은 민주주의 제도가 안정화됨에 따라 촉진된다.

중심의 흥망

세계시스템 속에서 '중심'은 경제 축과 정치 축 쌍방에서 고도화를 달성한 지역이고 '주변'은 그 어느 축에서도 높은 기능을 달성하지 못한 지역이다. 경제발전과 정치발전은 서로 관련이 있지만, 반드시 단순한 인과관계로 잘라 말할 수는 없다.

17~18세기의 '중심'이었던 네덜란드와 영국, 프랑스는 산업혁명 이전에도 시장 지향의 생산활동이 왕성했던 국가였다. 특히 정치적으로도 선구적이었던 네덜란드에서는 이미 시민 엘리트층이 공동 통치를 실현하고 있었다.

17세기에 내란을 경험한 영국에서는 군주와 엘리트층의 합의로 의회제도를 진전시켜 갔다. 18세기 말, 경제 면에서는 산업혁명이라는 혁신이, 정치 면에서는 국민국가와 대의제 민주주의가 함께 등장했다. 증기기관 발명 후 산업혁명은 급속히 진전돼 갔다.

프랑스혁명은 과격한 민주제의 실험이라는 면과 함께 프랑스인의 의식에서 '국민국가'를 탄생시켰다. 반면 미국의 독립혁명은 기본적으로는 대의제 민주주의를 도입한 혁명이었다.

19세기는 이 세 개의 혁신이 세계적으로 보급된 시기이다. 이와 함께 근대 세계시스템은 지구 전체로 확대돼 갔다.

19세기 세계시스템에서 경제 축과 정치 축 모두에서 상대적인 기능이 가장 높았던 곳은 영국이다. 산업혁명은 잇달아 영국의 생산성을 높였고, 스코틀랜드와 웨일스의 낙후, 아일랜드 독립이라는 내부 문제가 있긴 했지만, 국민국가로서의 통합이 비교적 잘 진행되었다. 대의제 도입도 점진적이긴 했지만, 착실히 진행돼갔다.

19세기에 '준 주변'의 국가에서 '중심'으로 급속히 이동한 국가는 미국이다.

미국은 처음부터 대의제로 의사를 결정하려 했던 실험 국가였다. 북부의 지배라는 면이 없지 않았지만, 1860년대 '남북전쟁'의 위기를 잘 극복해 미국 국민이라는 일체성을 만들어가는 데 성공했다. 보편적 인권의식으로 민주주의 제도를 유지해나가는 것에 동의한다는 점에서 일체성의 기초가 갖춰지게 되었다. 다양한 민족의 사람들을 국민이라는 이름으로 통합해온 미국의 이러한 구조는 가히 천재적이라 할 만한 것이었다.

1870년에 성립한 독일제국은 경제와 정치 양측 모두가 곤란한 상황에서 출발했다. 1789년 당시 1천 789개의 정치집단이 이 지역에 존재했을 만큼 분권적인 지역이었다. 공통점은 오로지 독일어로 말한다는 것뿐이었다. 심지어 그 중 100개 이상의 집단이 서로 주권을 가진 존재라고 주장하기까지 했다.[12]

이처럼 강한 분권제를 극복하고 '국민'을 만들려고 한 것이 비스마르크였다. 프로이센 · 프랑스전쟁의 승리로 독일인의 의식은 고양되었다. 제한적이기는 했으나 국민을 형성하고자 의회를 도입하기도 했다.

그 후 20세기가 되자 '중심' 중의 '중심'은 미국으로 이동했다. 한편, 패배한 독일과 일본을 포함한 여러 국가가 냉전의 전성기를 지나면서 고도성장을 경험하고 민주주의 체제를 정착시켜갔다.

제2차 세계대전 이후에는 세계 각지의 식민지가 독립했다. 통치당하

---

12 Golo Nann, The History of Germany Since 1789, p.21

는 자가 통치한다는 원칙이 세계적으로 보편화 된 가운데 식민지라는 존재 자체가 정통성을 잃었다. 이로써 1960년 전후에는 지구 상의 거의 모든 지역에서 식민지가 사라지고 대부분이 주권국가로 변모했다.

주변의 분화

그러나 이들 식민지가 국제법적으로 주권국가가 되었다고 해서 경제 축이 함께 발전한 것은 아니었다. 그것은 정치 축에서도 마찬가지였다. 게다가 교육제도와 여타 사회제도가 미비했던 지역에서는 기술개발과 산업화도 좀처럼 이뤄지지 않았다.

그동안 '중심'을 지원하는 강제적인 1차 생산물의 생산지로 특화해버린 곳에서 지금까지의 구조를 그렇게 간단히 바꿀 수는 없었다. 정치적으로는 독립했지만, 경제는 지배당한 채 있는 '신식민지'가 여전히 존속한 것이다.

정치 축에서도 형식적인 독립일 뿐, 실질적인 발전을 가져오지는 못했다. 식민지의 사정이 종주국의 형편에 따라 구분되었기에 새롭게 독립한 나라들의 민족 구성은 아주 복잡했다. 단일 국민이 좀처럼 형성되지 않았을 뿐만 아니라 민주적인 제도를 도입해도 잘 운영할 수 없는 사례가 부지기수였다.

물론 새롭게 독립한 나라 중에는 적극적으로 따라잡기에 도전해 '준주변' 국으로 거듭난 국가도 있었다. 이에 따라 20세기 후반에는 예전에 '주변' 지역이었던 지역들이 '주변'과 '준 주변'으로 분화돼갔다. 그러나 냉전의 종결은 '주변'의 상황에 많은 변화를 가져왔다. 경제발전 문제를 포함해 통합 기능을 거의 상실한 국가, 즉 '파탄 국가'가 등장한 것이다.

냉전의 전성기에는 미소 양국이 개발도상 지역에서 원조 경쟁을 펼쳤다. 스스로 경제 운영 능력도 통치 능력도 없는 국가들을 인위적으로 지원한 것이다. 냉전이 끝남과 함께 이러한 경쟁이 막을 내리게 되자 경제 운영 능력과 통치 능력이 없는 국가들은 파탄으로 내몰렸다.

식민지에서 벗어나 주권국이 되었던 나라 가운데는 주권국가로서의 이름만 존재할 뿐 실질적으로는 국내 질서조차 유지할 수 없는 국가도 생겨났다. 이들 지역에선 내전이 아닌 상태임에도, 이름뿐인 중앙정부와 부족, 군벌, 국제조직, NGO 등이 서로 경쟁하거나 협조하면서 정치 행위가 이뤄질 수밖에 없었다.

한편, 20세기를 거치면서 '중심' 지역은 확대하면서 동시에 변질해갔다. 고도 경제성장과 함께 각국의 민주주의 체제도 강화되었다. 국내 치안이 안정되고 기본적인 인권은 대체로 유지되면서 최소한의 생활보장도 이뤄졌다. 또 이들 서구와 북미, 일본, 오세아니아 같은 민주주의 국가 간의 전쟁이 일어날 것이라는 생각은 거의 사라지게 되었다. 결국, 안정과 번영, 인권 보호 등 주권국가의 통합 기능은 고도로 유지되었다.

그러나 주권국가로서의 기능이 충분히 수행되는 것과는 반대로 주권국가의 역할은 상대화돼갔다. '사회의 다양한 기능 중 국가가 하지 않아도 좋은 것은 다른 데에 맡기는 편이 좋다. 시장에서 가능한 것은 시장에 맡겨야 한다. 기업 활동은 될 수 있는 한 자유롭게 두어야 한다. 민간단체가 할 수 있는 '공적 기능'은 민간단체에 맡기면 좋다.' 이러한 사고방식이 보편화함에 따라 실제 조건들이 정비되었다.

교통과 통신수단이 발달하자, 사람들의 활동을 국경으로 제약하는 것이 부적합하고 불합리하다는 인식이 생겨났다. 현실에서도 지역 간의 사람과 물건, 돈, 정보의 유통은 고도화돼갔다. 그 결과 서구와 북미, 일본, 오세아니아 등지에서는 주권국가와 국민만으로는 자신의 정체성을 확립할 수 없는 상황이 발생했다. 주권국가 내부 주체가 국경을 넘어서 활동하면서 유럽연합EU처럼 주권국가와 유사한 기능을 하는 지역 기구가 탄생했다.

최근의 금융위기를 보면, 몇 개의 증권회사와 펀드가 국가 자체를 위기에 빠트리곤 했다. 그만큼 영향력이 커진 것이다. 아이슬란드가 국가로서 사실상 파탄한 것은 그 하나의 사례이다.

나는 예전에 썼던 책에서 이러한 경향을 '새로운 중세'라 명명한 적이 있다. 근대의 경제 축과 정치 축의 발전을 일괄해서 '근대화'라 부른다면, 근대화가 고도로 발달한 상황은 근대의 주권국가 체제를 변질시켜 예전 중세의 복잡한 세계와도 닮은 상황을 만들어낸다고 본 것이다. 결국, 근대 세계시스템은 기본적으로 '중심/준 주변/주변'이라는 세 가지 층의 구조를 동반하면서 변화해왔다고 할 수 있다. 어느 지역과 국가가 어느 층을 점유하는가는 역사적으로 결정된다. 나는 앞의 책에서 이미 21세기 세계시스템은 '신중세권/근대권/혼돈권'의 세 권역으로 이뤄진다고 서술했는데 이 세 가지는 결국 세계시스템의 '중심/준 주변/주변'이 21세기적인 특징으로 재현된 것이라고 말할 수 있다.

1930년대의 독일

그러면 근대 세계시스템의 발전 단계에 근거해 1930년대를 회고해보면 어떤 사실을 발견할 수 있을까. 단적으로 독일도 일본도 이 시대의 '준 주변'과 '중심' 사이 정도에 존재했던 국가들이라 할 수 있다.

그런데 독일은 독일·이탈리아·일본 삼국 중에서 가장 '중심'에 근접했던 나라였다. 19세기에는 미국과 나란히 가장 눈부시게 발전한 공업국의 반열에 서기도 했다. 그러나 독일은 제1차 세계대전을 일으켜 패전하고 말았다. 제1차 세계대전 전후 처리를 결정한 베르사유조약은 독일에 아주 가혹한 조치였다. 감당하기 어려운 막대한 배상금으로 심각한 인플레이션이 들이닥쳤다. 배상금을 지급하지 못하면 라인란트 지역을 내줘야 할 상황에까지 이르렀다. '중심'의 가장 가까운 곳에 근접했던 1920년대의 독일은 결국 극도로 궁핍한 나라로 전락하고 말았다.

정치체제 면에서 독일은 필사적으로 모범적인 민주주의 국가를 만들려고 1919년에 이미 바이마르 헌법을 만들었지만, 경제 상황은 그리 좋지 못했다. 이처럼 독일은 내부적으로 큰 모순을 품은 존재가 돼버렸다.

1930년대의 일본

그러면 일본은 어떨까. 말할 것도 없이 일본은 미 군함 페리호의 내항을 계기로 근대 세계시스템에 편입했다. 일본인의 인식에서 보면 무리하게 끌려 들어간 셈이다. 그 후론 당시 세계의 국가 조직 원리인 주권국가 체제를 받아들였다.

후쿠자와 유키치福澤諭吉가 탄식했듯이 당시 일본인 대다수는 '국민'으로서의 의식이 거의 없었다. 메이지 일본은 동경의 방언을 중심으로 한 표준어를 만들고 의무교육을 보급해, '일체로서의 우리'라는 의식을 만들려고 노력했다. 제1차 세계대전 때에는 승자 그룹의 편을 들었기 때문에 전쟁 후 한동안은 '대전 경기'에 힘입어 상당한 고도성장을 이루었다.

정치에서도 일본은 민주주의가 상당히 진전된 나라였다. 대일본제국 헌법이 반포된 다음 해인 1890년에 제1회 중의원 총선거가 이뤄져 의회가 구성되었다. 또 1918년에는 하라 다카시原敬[13] 내각이 성립돼 종래의 번벌藩閥 정치에서 이탈할 수 있게 되었다. 1929년에 보통선거법안이 통과했고, 그 전후부터 입헌정우회와 헌정회 간의 정권 교체가 이뤄지는 등 어느 정도 민주주의가 진전되었다. 1930년대를 맞이한 일본은 따라잡기 형의 고도성장을 하고 민주주의 체제의 안정화까지 달성해 한숨을 돌린 상태가 되었다.

1929년의 대공황으로 가장 큰 영향을 입은 나라는 근대 세계시스템 속의 '중심' 국가가 아니라 중심 국가를 필사적으로 따라잡으려 했던 나라, 혹은 따라잡으려다 제1차 세계대전에서 패함으로써 파탄한 국가였다. 그러한 국가에서 모순이 싹트기 시작했고, 이 모순은 경제는 물론 정치 영역으로까지 퍼져 나갔다.

본래 스스로 자유주의로 자처했던 '중심' 국가들이 '우리 스스로 우리 영역을 지킨다'며 기존 방침을 바꿈으로써, 제2차 세계대전은 시작되었다. 이 점이 1930년대 역사 해석의 한 지점이라는 것을 기억해야 한다.

13 1918년 9월부터 1921년 11월까지 19대 일본 총리를 지낸 일본의 정치가. 1900년 입헌정우회 창립에 참여하면서 이토 히로부미 내각에서 일했고 1902년 중의원 의원으로 당선되었으며 이후 1914년 입헌정우회 제3대 총재에 취임했다. 1918년 9월 28일 데라우치 마사타케 내각이 무너지자 총리로 임명되어 교육기관 확충과 교육제도 개선, 교통기관 정비, 국방 강화, 산업 진흥 등의 정책을 수행하고 중화민국과의 외교 관계를 완화하고 영국, 미국과 협조 체계를 구축하였다. 재임 중에 한국에서 3·1운동이 일어나자 헌병경찰제도를 폐지하고 문화정치로 전환한 인물이기도 하다. 1921년 11월 4일 도쿄역에서 암살당했다.(역주)

3. 2008년 위기 후에 찾아올 모순은?

러시아, 냉전 후 굴욕의 20년

현대로 눈을 돌려, 2008년 금융위기 후의 모순은 과연 어떻게 나타날까? 현재 세계에서 독일과 일본에 해당하는 국가는 어디일까?

『새로운 중세』의 도식으로 설명하면 지금 '신중세권'이라 불리는 국가가 그렇게 되리라고는 상상하기 어렵다. 앞에서 거론한 다른 나라와 마찬가지로 영국과 미국도 1930년대의 공황으로 큰 피해를 봤고, 무역 면에서도 보호주의로 치달았다. 하지만, 정치체제는 나름대로 민주주의가 기능을 하고 있었던 데다 실업에 대처하는 방책을 나름대로 가지고 있었다.

현재 세계의 '근대권' 국가 중 열심히 따라잡기 중인 곳으로 그 나라가 이상해지면 세계에 큰 영향을 미칠 수 있는 나라는 어디일까. 1930년대 같이 국내 모순이 심각해질 가능성이 있는 나라는 어디일까. 후보는 러시아, 중국, 인도, 이란 등이다.

먼저 러시아를 살펴보자. 러시아인으로선 냉전 후의 20년은 굴욕의 20년이었다고 말할 수 있을 것이다. 제1차 세계대전 후의 1920년대의 독일처럼 가혹한 배상금을 부과받지는 않았지만, 냉전이 끝난 직후였던 옐친 대통령 시대에 지폐가 휴짓조각으로 전락하는 심각한 인플레를 경험했다. 그런 와중에 정치·경제 면에서도 미국과 유럽의 이런저런 간섭을 받는 처지가 돼버렸다.

게다가 세계인이 러시아에 가지는 존경심도 그다지 강하지 않았다. 그런 상태였지만, 최근 몇 년 동안 원유 가격의 상승으로 러시아 경제는 활황을 맞았다. 모스크바 시내 호텔의 평균 객실료가 2008년 평균 300달러 이상으로 숙박비 세계 랭킹에서 1위를 차지했다. 또 러시아 부자가 중동 두바이의 고급 호텔에 머물며 고가의 모피를 쇼핑하는 등의 현상도 나타났다.

대다수 러시아인으로선 드디어 냉전 후의 굴욕에서 벗어나 다시 한 번 '대국'으로 갈 기회라 생각할 것이다. 푸틴(대통령 재임 2000년~2008년 5월, 그 이후는 수상)은 옐친보다 훨씬 유능하기 때문에 러시아 국민은 이런 식으로 계속 해줄 것으로 생각했다.

이런 상황에서 언제까지나 미국이 시키는 대로는 하지 않겠다는 러시아 나름의 의사를 표한 것이, 2008년 8월의 그루지야 침공이었다. 그루지야 남南오세티아 자치주를 둘러싼 그루지야와의 군사 충돌에서 러시아는 무력을 사용해서라도 주변 나라들에 개입하고자 하는 '대국주의' 행동양식을 보였다.

정전 합의 후에는 남南오세티아와 아부하즈 자치공화국의 독립을 승인함으로써 구미로부터의 고립도 불사하겠다는 자세를 취했다. 게다가 그루지야 침공을 지지하는 러시아 여론도 압도적이었다.

'러시아=소련'이라는 식으로 동일시할 필요는 없겠지만, 러시아인으로선 소련의 쇠퇴가 자신들의 쇠퇴와 같은 기분인데다 그 후에도 굴욕적인 세월을 보내왔다. 그러다가 원유 가격이 급등하자 드디어 다시 '대국'의 지위를 회복하고 미국이 말하는 대로 따르지 않겠다는 자세를 취할 수 있게 되었다. 이것이 2008년 여름에 많은 러시아인이 느꼈던 기분은 아니었을까. 하지만, 마침 그때 금융위기가 발생해서 원유 가격이 다시 하락해 이전 가격으로 돌아가고 말았다.

물론 원유 가격의 상승으로 득을 본 것은 러시아인의 극히 일부이기 때문에 일반 대중과는 별로 상관없는 일이다. 따라서 원유 가격이 하락했다고 해서 서민 대중까지 경기가 나빠지지는 않았을 것이다. 또 원유 수요는 장기적으로 증대할 수밖에 없기에 가격이 마냥 내려가지는 않을 것이다.

그러나 2008년 7월에 일시적으로 1배럴에 147달러를 기록했던 원유 가격이 그 후 하락을 거듭해 2008년 12월에는 일시적으로 30달러대까지 내려갔다. 러시아의 정부 재정(2009년 예산)은 1배럴당 95달러를 전제로 했기에 대폭 조정을 요구받게 되었다.

운용처에 따라 다르겠지만, 원유 가격 상승으로 큰돈을 벌 것으로 기대했던 사람들의 자산도 2008년 금융위기로 대폭 감소했을 것이다. 원유 수출액의 격감과 그루지야 침공 이래 외국 자본이 속속 빠져나가고 있어 외화 보유도 격감하고 있다.

러시아가 굴욕에서 간신히 벗어날 수 있다고 생각하던 차에 닥쳐온 경제위기가 어느 정도로 러시아에 영향을 미칠지, 이는 아주 심각한 문제이다.

푸틴의 독재 가능성

러시아가 경제적으로 자본주의가 되었고 정치체제도 일단은 민주주의이기 때문에 지금 서술했던 곤란을 어떻게든 스스로 처리할 수 있으면 좋겠는데, 걱정이 아주 없는 것은 아니다.

한 가지 염려스러운 것은 최근 단행한 헌법 개정이다. 2008년 11월 하원이 가결하고 12월에 메드베데프 대통령이 서명한 헌법 개정안은 차기 대통령부터 대통령 임기를 현행 4년에서 6년으로 연장하고 있다. 이 개정의 의도는 정권의 장기적인 안정 추구로 보인다. 그런데 헌법 개정과 함께 메드베데프 대통령이 사임하고 푸틴이 대통령직에 복귀할 가능성이 있다는 관측이 떠돌고 있다. 어쨌든 간에 푸틴 수상의 권력은 여전히 막강하다.

이러한 것이 과연 건전한 민주주의일까. 그런 염려 속에서 2008년 8월 러시아가 그루지야 침공을 감행했고, 우크라이나와의 천연가스 분쟁 사태에서도 강경 자세를 누그러뜨리지 않았다.

정치체제가 점점 권위주의적인 경향을 띠고, 경제적인 어려움을 호도하고자 상처 입은 내셔널리즘을 사용해 대외 강경책에 나설 가능성은 없을까.

물론 러시아인은 비교적 현실주의자이기에 상식적으로 1930년대의 독일인과 일본인처럼은 되지는 않을 것이다. 그러나 러시아는 여전히 막대한 양의 핵무기를 가졌다는 것을 염두에 두어야 한다. 그런 러시아의 정치체제가 경제 악화 시점에서 권력 강화의 경향을 보이고 있다는 것은 크게 염려되는 부분이다.

중국, 고도성장과 사회 안정-공산당의 지속 통치를 바라는 중간층

중국을 먼저 인정해야 할 것은 경제적 퍼포먼스의 훌륭함이다. 1970년대 말에 덩샤오핑이 개혁과 개방 노선을 표방한 이래 중국은 30년 동안 매년 두 자리 수의 경제성장을 이어왔다. 중국 경제의 규모와 곤란을 고려할 때 이 실적은 평가할 만하다.

경제 퍼포먼스뿐만 아니라 경제성장을 가능하게 한 사회 안정도 면밀하게 평가해야 한다. 중국 여러 곳에서 분쟁이 일어나고 있지만 1989년의 천안문사건 같은 대규모의 분쟁은 발생하지 않았다. 지금까지 사회안정을 유지해온 공산당의 능력은 최고라 할 수 있다.

소노다 시게토園田茂人가 『불평등 국가 중국』에서 분석했듯이 중국의 경제발전과 함께 성장해온 중간층은 대체로 공산당의 통치체제가 안정적으로 유지되기를 원하고 있다. 이 중간층은 공산당의 통치로 많은 혜택을 받았다고 생각하기에 지금의 통치체제가 안정적으로 지속하길 바란다. 또 안정적인 통치체제 유지를 위해 언론의 자유가 다소 제한되는 것은 어쩔 수 없다고 생각한다.

따라서 소노다는 '중국의 경제성장이 계속돼온 결과 중간층이 권위주의 체제에 염증을 느껴 이 체제를 뒤집어엎을' 가능성은 거의 없다고 분석하고 있고, 나 또한 이에 동감한다.

중국과 경제위기

그러나 이것은 중국이 안정적으로 경제성장을 지속해간다는 전제하에서다. 문제는 2008년 금융위기의 결과가 중국 경제에 어떤 영향을 줄까 하는 점이다. 2008년 가을부터 2009년 초까지의 시점에서 보면 중국 정부가 취해온 대응 태세는 1930년대 일본보다 훨씬 훌륭하다. 당시 일본 정부는 대공황의 한가운데에서 금본위제 복귀와 긴축재정이라는 정책을 취했다. 이에 비해 중국 정부는 금융위기 발생 직후 재빨리 대규모 경제 부양 정책을 취했다.

하지만, 정말 그것으로 충분한지, 그것이 역효과를 가져오지 않을지의 여부는 장기적으로 지켜볼 필요가 있다. 단기자금이 유출돼 중국의 외화 보유가 감소하기 시작했다는 보도도 우려되지만,[14] 위안元의 환율 조정에 실패하면 큰 환란으로 이어질 수 있기 때문이다.

한편, 실물경제에서 미국의 자동차 산업 등이 상당한 타격을 입어 중국의 대미 수출이 격감할 가능성이 크다. 1930년대처럼 국제무역의 급격한 축소가 시작되면 중국 경제는 어떻게 될까.

금융자산을 잃어 부자가 손해를 보는 정도라면 불만의 정도는 그리 높지 않을 것이다. 그러나 무역 규모가 점점 축소되면 과연 현상유지 지향의 중간층이 계속 이 체제에 만족할 수 있을지는 알 수 없다.

게다가 최근 중국은 농촌의 유동 인구가 도시로 집중하고 있다. 소노다는 이들 '농민-도시노동자'가 지금까지는 불안정의 요인이 되지 않았다고 분석한다. 그러나 불황으로 '이제 필요 없으니 돌아가'라는 말을 들었을 때 농촌에 어떤 영향을 가져올지 하는 것도 큰 위험 요인이다.

게다가 최근 대학 진학자의 실업 문제가 아주 심각하다. 애써 고등교육을 받고 중간층으로서의 장래를 기대했던 젊은이들이 적당한 직장을 구하지 못했을 때, 어떠한 사회적 영향이 나타날까도 깊이 생각해볼 문제이다.

14 『日本經濟新聞』, 2008년 12월 23일 조간

후진타오와 원자바오는 군을 장악할 수 있는가?

중국 공산당 체제의 최대 문제는 정치적으로 비민주적이라는 점과 인민해방군의 정책 결정의 투명성이 현저히 결여해 있다는 데 있다. 중국 공산당의 최고 지도자인 후진타오 주석과 원자바오 수상은 정말 군을 충분히 장악하고 있는가. 최근 2년 동안 이를 의심케 하는 사례가 몇 차례 발생했다.

첫 번째 사례는 2007년 1월에 행한 위성파괴 무기의 실험이다. 자국의 기상위성을 자국의 미사일(위성파괴 무기)로 격추했다. 위성파괴 무기는 우주 무기이므로 이 사건은 중국이 드디어 우주 군사무기 확장에 착수했다는 메시지가 될 수 있다. 이 실험 직후 서방 국가들과 일본은 중국 외교부에 '왜 이런 일을 했는지', 문의해보았지만 뚜렷한 답을 들을 수 없었다.

이런 일을 하면 중국의 대외 이미지에 득이 될 게 없다는 것을 보통의 중국 외교관이라면 너무도 잘 알고 있을 것이다. 중국 외교부의 대응은 결국 그들도 전혀 모르는 사이에 인민해방군이 일을 저질러버리고 말았다는 뜻으로 해석된다. 과연 후진타오는 알고 있었던 것일까.

후진타오는 중국의 중앙 군사위원회 주석이다. 중앙 군사위원회는 군사조직의 최고 의사 결정기관이기에 후진타오에게 보고가 없는 상태에서 실험을 강행할 수는 없었을 것이다. 보고는 분명히 되었을 것이다. 그러나 그 실험이 갖는 의미를 확실히 주석에게 전달했는가 하는 문제는 여전히 남는다. 확실히 외교부에 자세한 보고가 이뤄지지 않았을 것이라는 게 솔직한 인상이다.

그 후에도 2007년 추수감사절(11월)에 미 항모 키티호크 호의 홍콩 기항이 거부되는 사건이 발생했다. 승무원 가족들이 홍콩에서 기다리고 있었던 데다 휴일로 예정돼 있었던 차에 중국 인민해방군이 미 항공모함의 기항을 거부한 것이다.

지금까지 홍콩 기항은 문제없이 허용되어 왔기에 미국은 항의했다. 그러나 중국 외교부의 반응은 애매했다. 이것도 중국 외교부가 사태를 미리 파악하고 있었는지 그 여부를 알 수가 없다.

2008년 12월 8일에는 중국의 해양조사선 두 척이 일본 센카쿠제도의 해역에 무단으로 들어오는 일이 발생했다. 일본 해상보안청의 순시선이 출동해 이 선박들이 결국 떠나긴 했지만, 도대체 이 명령을 누가 내렸는지 알 수 없다. 아베 신타로 내각 이후 후진타오는 일·중 관계 개선에 노력을 기울여 그 이전이라면 상상할 수도 없을 정도로 일본에 순응적인 태도를 보여왔다. 그런데 12월 중순, 후쿠오카에서 일·중·한 정상회담이 개최될 예정이었고, 원자바오 수상이 일·중 정상회담을 규슈에서 하기로 결정된 상황에서 굳이 일본이 영해라고 주장하는 곳에 해양조사선을 보낸 것이었다.

센카쿠제도 문제는 1978년에 덩샤오핑이 '보류'하기로 한 이래, 여러 가지 문제가 발생해왔지만, 중국 정부 소속 함정이 일본 영해에 진입한 사례는 한 번도 없었다. 이 사건 직후 일·중·한 정상회담에 참석하려고 후쿠오카에 온 원자바오 수상은 이 사건으로 일·중 관계를 악화시킬 의도는 없다고 표명했다. 그러나 아소 수상과의 회담에서는 "중국 함선이 중국이 영해라고 주장하는 영역에 들어가는 것은 전혀 문제가 없다"며 공식 입장을 표명했다. 이 밖에도 이와 유사한 일이 있었는지는 모르겠지만, 이상한 일임엔 틀림없다.

중국 외교부의 태도로 보아 원자바오 수상 스스로 해양조사선의 동향을 충분히 알지 못했던 것으로 추측된다. 어쨌든 인민해방군의 독단적인 행동으로 보이는 불가사의한 움직임은 1920년대 후반부터 1930년대까지 있었던 일본 제국육군이 감행한 독단적 행동을 상기시킨다.

물론 인민해방군이 1930년대의 일본 만큼 조야하고 난폭한 행위를 하고 있다는 뜻은 아니다. 그러나 군의 통제라는 면에서 중국을 생각해볼 때, 전전戰前의 일본군과 비슷한 구조적인 문제가 있음을 발견할 수 있다. 대일본제국 헌법에 따라 일본군은 천황의 직접 통제하에 있었다. 이 때문에 내각은 군을 통제할 수 없었고 정치적으로 개입하면 '통수권 간섭'이라고 비난했다.

현재 중국의 인민해방군은 중앙 군사위원회가 모든 것을 통솔하게 돼 있어, 이 의사 결정에 국무위원은 관여할 수 없다. 게다가 현재 중앙 군사위원회의 위원 중 유일하게 군인이 아닌 사람은 국가주석인 후진타오 한 사람뿐이다. 본래 인민해방군은 중국 공산당의 군이기 때문에 군인이 아닌 정치국원의 다수가 중앙 군사위원회의 위원이 될 수 있어야 할 것 같은데 현실은 그렇지 못하다.

그렇다면, 중국군을 문민으로 통제할 수 있는 인물은 후진타오 국가주석뿐이라는 말이 된다. 전전戰前의 일본에서 천황만이 군을 통솔할 수 있었듯이 현재의 중국에서는 국가 주석이자 공산당 총서기인 후진타오만이 인민해방군에게 명령을 내릴 수 있다.

전전戰前의 천황은 실질적인 의사 결정을 하지 못해 군의 폭주를 막을 수 없었다. 현대의 중국은 어떨까. 군 내부의 여러 가지 행동들을 후진타오 한 사람이 제어할 수 있을까. 당연히 그렇다고 보는 것이 오히려 비현실적인 것은 아닐까. 어쨌든 군사 정책에 국무위원이 관여할 수 없는 현재 체제는 아주 문제가 많다. 중국 정부의 인민해방군 장악 여부는 세계적인 관심사가 아닐 수 없다.

지금까지 중국 정부의 실적으로 보면 경제위기에 직면했다고 해서 곧바로 중국이 혼란에 빠지거나 대외적으로 모험적인 노선을 걸을 가능성은 낮은 것으로 보인다. 그러나 불황의 심각성에 따라서는 과거 30년과는 전혀 다른 사회경제 정세에 직면하게 될지도 모른다. 그런 가능성을 배제하기 어려운 가운데, 인민해방군의 통제에 불투명한 점이 많은 것은 큰 걱정이다.

또 2005년 봄의 반일 폭동이나 2008년 티베트 사태 때 외국의 비판에 대처하는 중국의 내셔널리즘적인 반응을 볼 때, 중국 내부에서 배외적인 행동이 일어날 가능성도 있다. 경제위기가 중국 사회에 어떤 영향을 미칠지 또 대외 행동에는 어떤 영향을 미칠지, 지속적인 주의가 필요하다.

남아시아의 혼란?

사실 인도는 그다지 걱정하지 않는다. 다만, 인도는 러시아, 중국과 마찬가지로 따라잡기 형으로 현재 크게 성장하고 있지만, 시장 메커니즘을 충분히 정비하지 못한 거대 국가라는 점, 핵무기 보유국이라는 점에 유의할 필요가 있다.

인도는 과연 금융위기와 불황에 어떤 식으로 대처할까? 인도가 1930년대의 일본과 독일처럼 침략적인 성향을 보이진 않을 것이다. 왜냐하면, 금융위기 이전에도 인도의 정치체제는 이미 혼란스러웠으며 그럼에도 그 혼란이 파탄을 가져오지는 않았기 때문이다.

인도의 민주주의 체제는 과거 50년에 걸쳐 독재를 견제하는 상호 제어의 메커니즘 기능을 수행해왔다. 말하자면 상호 제어의 메커니즘이 너무 지나쳐 국가의 의사 통일이 방해받는 상황이 많았다. 지나치게 많은 정당과 주州마다 존재하는 복잡한 세력 등을 생각하면 인도에서의 의사 결정이 매우 어려울 것이라는 사실은 쉽게 유추할 수 있다.

다시 말해, 지금까지의 현실을 보면, 의사 결정이 어려워 독재자가 등장하거나 군이 모험을 감행하는 경우가 거의 없었다. 지금까지 일어나지 않았기에 이후에도 일어나지 않는다고 보장할 수는 없지만, 정치면에서의 위험은 비교적 적을 것이다.

그럼에도, 세계적인 불황이 닥친다면 걱정하지 않을 수 없다. 최근 현저한 경제성장으로 중간층이 대폭 증가했기에 이들의 기대 수준도 높아졌다. 그것이 깨질 때 어떤 결과가 나타날지, 염려되는 부분이다.

또한, 인도 내의 힌두교 내셔널리즘과 이슬람교의 대립이 여전하며, 정치적인 암살도 빈번히 발생하고 있다. 따라서 이러한 사태들이 체계적으로 무엇을 뒤집어엎기보다는 혼란을 발생시킬 가능성이 더 크다. 즉, 인도가 팽창주의를 내세워 밖으로 무엇을 기도한다기보다는, 인도라는 커다란 존재가 스스로 혼란에 빠짐으로써 문제를 일으킬 가능성에 주목해야 한다.

더 심각한 곳은 이웃나라인 파키스탄이다. 파키스탄은 따라잡기에 나선 나라라고 하기보다는 파탄 국가로 추락할 가능성이 있는, 이른바 '혼돈권'에 속한 국가이다. 부족 단위로 살아가는 파키스탄의 몇몇 지역에는 국가의 행정력이 거의 미치지 않고 있다. 이곳은 실질적인 '혼돈권'이다. 파키스탄의 상황이 앞으로 더욱 악화하면 2008년 11월 인도 뭄바

이에서 발생한 테러 사건처럼 파키스탄을 근거지로 한 인도 국내에서의 테러 사건이 빈발할 가능성이 있다. 그렇게 되면 남아시아 전체가 대혼란에 빠져들 위험이 있다.

이란, 혁명 이데올로기 유지와 석유 가격 하락

이란은 1979년 호메이니의 이슬람혁명 이래 미국 중심의 세계시스템 속에서 한 발자국 후퇴한 모습을 보이고 있다. 그러나 역시 이란은 중동 서아시아 지역의 대국임은 틀림없다. 따라서 이곳이 경제 불안에 빠졌을 때 어떤 일이 일어날지 검토해볼 필요가 있을 것이다. 이란은 러시아와 비슷한 상황이다. 원유 가격의 급등이 이란에 플러스가 되었다 하더라도 상황이 급변해 가격이 급락하면 정권에 어떤 영향을 미칠지 주시할 필요가 있다. 아마디네자드 현 정권의 다음 정권(2009년 대통령선거)이 온건해 구미 우호정책을 취할지, 아니면 더 강경한 원리주의적 정책을 취할지도 문제이다.[15]

판단을 더 어렵게 하는 것은 이란이 1979년 이슬람혁명으로부터 30년이나 지난 시점에 서 있다는 사실이다. 30년 동안 혁명국가였던 이란이 계속 혁명 이데올로기를 유지할 수 있을지의 여부는 예측하기 아주 곤란하다. 따라서 앞으로 얼마간의 조정이 진행될 것인데, 그 과정에 세계경제 상황이 나빠진다면? 이러한 상황에서 혁명국가 이란이 어떤 이데올로기를 택할지에 따라 중동의 안보가 영향을 받을 것이다. 이란의 핵무

15 2009년 6월 12일 치러진 이란 대선은 강경 보수파 마무드 아마디네자드 현 대통령이 승리를 거뒀다. 하지만, 선거 결과 발표 직후부터 대선 결과에 불복하는 대규모 반정부 시위가 벌이졌고, 정부는 이를 강경 진압해 최소 70여 명이 사망한 것으로 알려졌다.(역주)

기 개발 의혹과 우라늄 농축 때문에 전 부시 정권은 '이란과는 교섭하지 않겠다'는 강경 자세를 유지했다. 그러나 교섭하지 않는 것은 더 위험하다. 반드시 이란을 교섭의 틀 속으로 끌어들여야 한다.

이란과도 확실히 교섭해나가야 한다. 즉 이처럼 위험한 국가와 교섭을 계속해나간다는 자세를 취하지 않으면 악순환을 멈출 수 없다. 만약 통상의 정상적인 교섭의 틀을 만들 수 없다면 이란에만 적용되는 특별한 틀이라도 만들어야만 한다. 이란 국민 사이에는 유럽 문명보다 오랜 문명인 페르시아 문명의 주인이라는 대국의식이 뿌리 깊게 존재한다. 그러나 현실적으로는 미국 부시 전 대통령에게 북한과 동급으로 '악의 축'이라 취급당했기에 상당한 불만이 있다.

이란은 과연 경제위기가 심화하는 가운데 이러한 현실과 인식의 괴리를 해결할 수 있는 열쇠를 찾을 수 있을까. 아니면 더욱 강경한 정권으로 대응을 모색할까.

중동 제국 전체를 바라보고, 금융위기와 원유 가격 하락이 그 사회에 어떤 영향을 미칠지 주시할 필요가 있다. 또 사우디아라비아와 비교적 온건한 다른 산유국의 정세에도 주목해야 할 것이다.

최후의 버팀목[16]은 존재하는가?

위에서 검토한 나라들이 1930년대의 독일과 일본 같은 '못 가진 나라'가 되어 현상 타파 세력으로 전화할 가능성은 거의 없을 것이다. 그러나 이

16 본문의 표현은 貸し手로 돼 있다. 직역하면 돈이나 물건을 빌려주는 쪽을 일컫는 대주(貸主)인데, 여기서는 위기 시에 능력과 의지로 세계 질서 수립과 유지의 지배력을 발휘할 수 있는 존재라는 의미로 새겨, 광범위한 뜻의 버팀목으로 번역했다. (역주)

들 국가 중 하나라도 현상 타파 세력으로 등장한다면 커다란 국제 문제로 비화할 것이다. 그러면 어떻게 대비책을 찾아보면 좋을까.

나는 1930년대의 교훈을 말한 찰스 킨들버거Charles P. Kindleberger의 논의를 빌려와 금융위기의 대처법을 생각해보고자 한다. 킨들버거의 논의는 다음과 같다.

> "1929년의 불황이 아주 넓은 지역에서 장기적으로 현저하게 나타난 것은 영국과 미국 때문이다. 영국은 투매 상품의 열린 시장을 유지했으며, 경기 조정책으로 장기 대출을 단행했고, 공황 때 어음을 할인했다는 세 가지 점에서 국제 경제를 안정시킬 능력을 잃었다. 미국은 책임을 질 의사가 없었다. 이 때문에 국제 경제 시스템이 불안정해졌다."[17]

국내 금융위기에서는 중앙은행이 '최후의 버팀목'이 되어주면 당면 위기는 사라진다. 킨들버거는 1929년에 영국은 최후의 대주, 즉 버팀목이 될 능력이 없었고, 능력이 있었던 미국은 그럴 의사가 없었다고 주장한다.

현재의 금융위기는 미국발이기에 미국의 연방은행이 충분히 버팀목이 되어준다면 국제적인 문제는 당분간 안정될 것이다. 하지만, 정말 이로써 문제가 해결될지는 의문이다. 상식적으로 말하면 미국 자신의 경제 저력은 그만큼 저하하지 않았기 때문에 미국이 그럴 생각에서 확장적인 재정 정책을 펼친다면 해결의 실마리는 찾을 수 있다. 그러나 미국이 화

17 Charles P. Kindleberger, 『The World in Depression 1929~1939』, 1973.

폐를 찍어내기만 한다면 달러의 신뢰 문제가 생길 가능성도 있다. 그래서 가능한 한 국제 협조 체제로 문제를 해결해나갈 필요가 있다.

보호무역의 문제

금융체제를 어떻게든 해결하는 것이 시급하지만, 그것만으로는 본 장의 문제의식인 정치에로의 파급을 어떻게 막을 것인가에는 충분히 답할 수 없다. 지금의 금융위기를 어떻게든 해결하고 실물경제로의 파급을 최소화하는 것에 성공한다 해도 정치에로의 파급을 막을 수단을 미리 생각해둬야 한다.

경제정책에서 가장 필요한 것은 보호무역주의가 세계에 만연하지 않도록 하는 것이다. 킨들버거도 말했듯이 "각국이 개별적인 국익을 옹호하는 식으로 정책을 전환했을 때 세계 전체의 이익은 상실되고 그에 따라 모든 나라의 개별적인 이익도 상실된다"는 교훈을 되새길 필요가 있다.

물론 1930년대보다 안심할 수 있는 측면은 있다. 1930년대 미국이 스무트-할리관세법으로 일률 관세를 올려 보호무역 정책을 취했던 것에서 교훈을 얻어 제2차 세계대전 후에 GATT(관세 및 무역에 관한 일반협정)가 만들어졌고 그것은 현재의 WTO(세계무역기구) 체제로 발전했다.

WTO 체제하의 여러 규칙에 따라 자국의 편의로 관세를 쉽게 인상할 수는 없다. 그런 면에서도 단순히 1930년대의 패턴을 반복한다고는 보이지 않는다. 주요국의 대응전략을 봐도 G8 서미트(미국, 영국, 프랑스, 독일, 이탈리아, 일본, 캐나다, 러시아의 8개국 정상회담)가 존재하고 있는데다 이를 확대시킨 G20도 있다. G20는 금융 면에서 가장 중심이 되는 다자多者 회의로 2008년 10월에 처음 개최돼 2009년 4월, 제2회 모임이 개최된 바 있다.

그러나 자동차 산업이 파산해 실업자들이 거리에 넘치는 상황에서 각국이 어떤 행동을 취할지는 아직 충분히 알 수 없다. 위험성은 여전히 존재한다. 게다가 WTO의 긴급 조사를 보면 2008년 가을 이후 각국에서 관세 인상 등의 보호 무역 조치가 취해지고 있다. 미국에서는 영업실적 악화가 현저한 3대 자동차 회사에 정부가 특별융자를 이미 시행하고 있다. 이것은 자국 산업에 보조금을 지급하는 전형적인 형태의 보호주의이다. 또 미국 의회에서는 '바이 아메리카 조항'을 검토하는 등 상황은 더욱 복잡하다.

더욱이 단순한 보호 조치가 아닌 다양한 비관세 장벽이 있을 수 있다. 비관세 장벽은 식품의 안전 기준이나 환경세, 회계 기준 등 각국의 사정에 따라 다르므로 대처가 쉽지 않다. 그러나 각국이 여러 가지 보호 장치를 국제적인 협조 없이 독자적으로 만들어간다면 자유무역은 틀림없이 위협받을 것이다. 비관세 장벽도 '개별적인 국익'만을 추구한다면 국제사회 전체의 이익은 손상될 것이다.

각국의 사회 변화

1930년대의 사례 분석에서 알 수 있는 것은, 정말 두려워해야 할 것은 독일과 일본 국내의 사회 변화였다는 점이다. 경제위기로부터 나치의 대두 혹은 군부의 대두로 연결된 사회 변화가 그 후의 양국 국내 정치뿐만 아니라 국제관계에도 결정적인 영향을 미쳤다. 본 장에서 검토한 러시아, 중국, 인도, 이란 등의 국내 사회 변화를 주의 깊게 관찰해야 할 이유도 여기에 있다.

물론 각국에서 발생하는 사회 변화를 타국이 마음대로 조정할 수는 없다. 그러나 각국에서 무엇이 발생하는지를 항상 관찰해야 한다. 또 불건전한 정치 · 사회 세력의 발흥 방지 협조 대책도 미리 마련해두어야 한다. 1930년대의 국제사회가 나치와 일본 군부의 대두를 어떻게 하면 막을 수 있었을까 하는 문제는 매우 난제이다. 그러나 1930년대의 미국이 자신의 경제 문제에만 전념한 나머지 고립주의 정책을 강력하게 추진하고 국제 문제에는 거의 관여하지 않았던 점은 깊이 명심해야 할 점이다.

제2장

다극시대의 역사적 미래

1. 대국으로 가는 중국과 인도

중단기의 위기를 극복한 후의 세계

1장에서는 과거로 현재를 대비해보았다. 2장에서는 시대가 변화에 따라 세계시스템이 어떻게 변화해나갈지를 장기적인 시각으로 검토하고자 한다.

물론 1장에서의 전망과는 반대로 위기 대응이 잘 이뤄지지 않아 세계정치가 대파국에 이르면 상황은 달라진다. 그러나 어떻게든 현재의 금융위기가 정치적으로 전화되는 것을 막고 수년 후에 안정 궤도로 다시 돌아간다고 가정했을 때, 그 후의 세계, 즉 위기 이후post crisis의 세계는 어떻게 될까.

장기적으로는 국제적인 세력 균형이 예전과는 아주 다른 형태로 변화할 것으로 보인다. 예를 들면 2003년 골드만 삭스의 보고서는 '브릭스BRICs'라는 단어를 만들어 브라질과 러시아, 인도와 중국의 경제력이 21세기 전반에 아주 커질 것이라고 전망했다. 브릭스 가운데에서도 특히 중국과 인도에 주목해야 한다.

마침내, 미국의 패권은 끝나고 세계가 다극의 시대로 돌입한다는 것이다. 이것은 대체 무엇을 뜻할까.

과거 역사에서의 GDP 추계

미래 경제 분포를 추계한 다양한 통계 중에 경제의 역사적 통계를 추계한 앵거스 메디슨Angus Maddison의 연구는 유명하다. 메디슨은 2030년에 중국의 세계 GDP 점유율이 23.8%로 17.8%인 미국보다 훨씬 커질 것으로 예상했다. 인도의 점유율도 10.4%로 서유럽의 13.0%보다 약간 적을 것으로 예상했다.

이러한 추계가 어느 정도 정확할지 일괄적으로 말할 수는 없지만 메디슨의 추계는 꽤 신빙성 높게 받아들여지고 있다. 중국의 점유율이 미국보다 커질 것이라는 예측은 세계시스템 전체의 경제력 분포에 아주 큰 변화가 일어나고 있다는 사실을 보여준다.

GDP 점유율은 원래 구매력 평가로 측정했던 것인데, 2003년에도 중국의 점유율은 15.1%로, 6.6%의 일본보다 훨씬 높았다. 구매력 평가 방법의 의미를 어떻게 받아들일지는 여러 가지 이견이 있지만, 세계은행과 OECD 등에서도 GDP로 국제 비교를 할 때 일반적으로 사용하는 방법이다. 여하간 앞으로 세계경제에서 중국과 인도의 위치가 아주 높아질 것이라는 점은 명백하다.

그러면 이것을 장기적인 추세에 적용해보면 어떤 의미를 찾을 수 있을까. 대답을 얻으려면, 그전에 먼저 예전에는 어땠는지 비교 검토해볼 필요가 있다.

앵거스 메디슨은 각 나라의 과거 경제력을 통계로 작성했다. 그는 이 연구로 1820년 이래 세계경제의 분포를 명백하게 나타내는 데 크게 공헌했다. 19세기에는 국민총생산과 국내총생산이라는 개념이 없었기 때문에 그것을 실제로 계측한 통계는 존재하지 않았다. 대신 당시의 확인

그림 3 **앵거스 메디슨의 GDP 추계**(1820-2030)

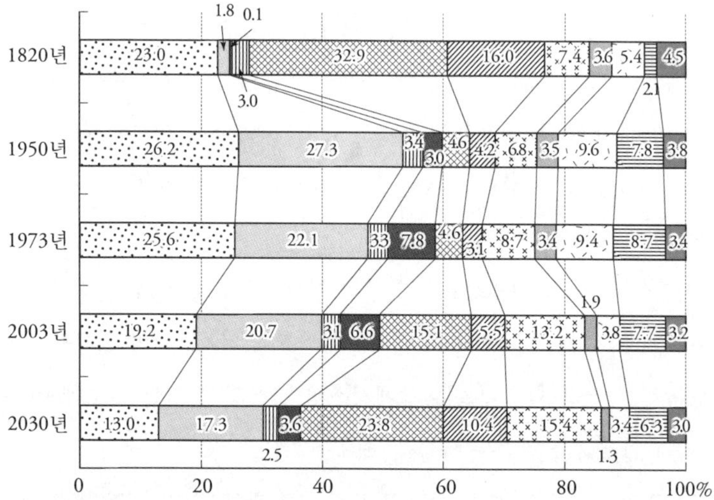

	1820	1950	1973	2003	2030
서유럽	23.0	26.2	25.6	19.2	13.0
미국	1.8	27.3	22.1	20.7	17.3
호주 · 캐나다 · 뉴질랜드	0.1	3.4	3.3	3.1	2.5
일본	3.0	3.0	7.8	6.6	3.6
선진국 계	**27.9**	**59.9**	**58.7**	**49.6**	**36.4**
중국	32.9	4.6	4.6	15.1	23.8
인도	16.0	4.2	3.1	5.5	10.4
기타 아시아 국가	7.4	6.8	8.7	13.2	15.4
동유럽	3.6	3.5	3.4	1.9	1.3
(구)소련	5.4	9.6	9.4	3.8	3.4
중남미	2.1	7.8	8.7	7.7	6.3
아프리카	4.5	3.8	3.4	3.2	3.0
선진국	**72.1**	**40.1**	**41.3**	**50.4**	**63.6**
아시아의 세계 점유율	**59.3**	**14.9**	**24.2**	**40.5**	**53.3**

* 단위 %, 기타 아시아 국가에서는 1950년부터 방글라데시, 파키스탄을 포함한다.

출처 Angus Maddison, "Shares of the Rich and the Rest in the Rest in the World Economy: Income Divergence Between Nations. 1820-2030." Asian Economic Policy Review (2008) 3

가능한 여러 사실을 조합해 '추계'했다.

중국과 인도는 이미 경제 대국이었다

1820년의 GDP 점유율을 살펴보면 서유럽 전체의 점유율이 23.0%였다. 이에 비해 중국은 32.9%였고, 인도는 16.0%였다. 당시 미국은 1.8%에 지나지 않았고, 일본도 3.0%에 불과했다. 따라서 19세기 초, 중국과 인도가 세계경제에서 차지하는 점유율은 아주 높았다.

그 후 어떻게 되었을까. 1950년 기준으로 서유럽 26.2%, 미국 27.3%, 일본 3.0%, 중국 4.6%, 인도 4.2%이다. 19세기부터 20세기까지 세계경제의 점유율을 지금 말한 지역과 나라로만 보면 결국 중국과 인도의 점유율이 19세기 후반부터 20세기 전반에 현저히 저하했다. 또 서유럽이 그다지 큰 변화가 없었던 반면, 미국의 점유율이 매우 증가했다.

1973년엔 중국 4.6%, 인도 3.1%, 일본 7.8%로 일본이 중국보다 커졌다. 이렇게 보면, 19세기 후반부터 20세기 전반까지 중국과 인도의 비율이 현저하게 축소되었다가 21세기에 원래 모습으로 되돌아가기 시작했음을 알 수 있다.

하지만, 2030년이 되어도 중국 23.8%, 인도 10.4%로 1820년의 수준까지는 회복되지 않는다. 또 미국의 점유율이 19세기 초와 전혀 다르므로 19세기와 21세기 전반이 같다고는 할 수 없다. 그러나 경제력의 분포가 19세기 초의 상태로 돌아가는 것은 분명하다.

근대 세계시스템의 확장

이 프로세스를 어떻게 해석할 것인가. 앞 장에서 말한 세계시스템의 변화를 다시 한 번 간단히 살펴보자.

근대사는 한마디로 '주권국가라는 조직 원리가 세계적으로 보급돼가는 동시에 자본주의 경제가 보급돼가는 과정의 역사'이다. 그중에서 특히 18세기 후반에 발생한 산업혁명은 경제에 큰 영향을 끼쳤다. 그 후 시민혁명과 함께 국민국가라는 개념이 생겨났고 정치면에서는 민주화가 진행되었다.

세계시스템의 발전 양상을 지리적으로 살펴보면, 영토를 중심으로 한 주권국가와 자본주의가 북서유럽에서 먼저 발생해 전 세계로 확대해갔고, 19세기가 끝날 무렵에는 전 세계가 이 시스템 속에 포섭되었다는 것을 알 수 있다.

이러한 현상을 〈그림 3〉에서 보았던 예측, 즉 19세기 초에 거대했던 인도와 중국의 점유율이 20세기 전반에 점점 줄어들었다가 21세기가 되면 원래로 돌아간다는 사실과 더불어 생각해보면 무엇을 알 수 있을까.

19세기 초는 유럽에서 발생한 근대 시스템이 중국과 인도를 아직 충분히 포섭하지 못한 시기였다. 19세기 초인 1820년 무렵의 중국은 청 시대였는데 건륭제의 시기가 끝나면서 서서히 쇠퇴하고 있었다. 기본적으로 외국과의 통상을 금지하는 해금정책을 취했기에 외국인은 북경에 들어올 수 없었으며 광저우에서만 교역할 수 있었다.

인도는 영국의 세력이 강하긴 했으나 여전히 무굴제국 시대였다. 1820년 당시 상황에서 보면 인도는 근대 세계시스템에 포섭돼가던 단계였고, 중국은 아직 편입되기 이전이었다. 근대 세계시스템에 편입되기 이전이었던 1820년 당시 중국의 경제력은 서구를 중심으로 한 근대 세계시스템보다 더 크고 거대한 존재였다.

1820년 이전의 추계가 없기에, 정확히 알 수 없지만, 18세기 중반으로 거슬러 올라가 보면 무굴제국은 영국이 들어갈 수 없을 정도로 강력한 영향력을 지니고 있었다.

서구 중심의 근대 세계시스템의 발생 초창기인 17, 18세기 당시 세계에는 유럽, 오스만 제국, 무굴제국, 청나라가 나란히 존재하고 있었다. 적어도 네 개의 거대한 세계시스템이 병존했던 것이다.

이처럼 강력했던 중국과 인도의 점유율이 20세기에 급감했던 원인은 이들 국가가 근대 세계시스템에 포섭당했기 때문이라고 할 수 있다. 절대적인 경제력이 저하되었기도 했지만, 몇 가지 이유로 유럽과 접촉함에 따라 점유율은 더 쇠퇴해버렸다. 그 이유 중에서는 산업혁명의 영향이 매우 컸다고 할 수 있다.

산업혁명 이전 세계의 GDP

GDP를 1인당 경제력의 총합이라고 보면 산업혁명이 일어나기 전의 경제력은 어떤 요인에 따라 결정되었을까. 다음과 같이 고찰해보면 쉽게 해결될 것이다.

화석연료를 이용하기 전의 주요 생산활동은 그 지역 기후와 풍토를 살려 가축과 간단한 도구를 이용한 농업생산이었다. 이 이외의 생산활동은 사람의 손재주로 도구를 만드는 정도였다. 따라서 비슷한 기후대의 문명지역이 산출할 수 있는 1인당 생산성은 대체로 비슷했을 것이다. 그렇게 되면 이 시기의 전체 GDP는 인구 수로 결정된다.

문명사회의 1인당 생산성은 중국이나 유럽, 인도 어디서나 비슷했을 것이나. 밭을 경작하는 방법이나, 그 경작지에서 얼마만큼의 쌀과 보리를 수확할 수 있는지, 다소의 차이는 있을지언정 수확량 자체는 비슷했다. 기껏해야 두 배 정도 차이가 날지는 모르지만, 그 이상의 차이는 없을 것이다. 그렇다면, 많은 인구를 품을 수 있는 토지라는 것은 결국 그 인구 크기만큼의 경제력을 가진다는 이야기가 된다.

따라서 1820년, 즉 산업혁명이 보급되기 이전 단계에서의 세계 경제력의 분포는 기본적으로 인구의 분포라 해도 좋다.

1820년 중국의 인구가 세계 인구에서 점하는 비율은 35.5%로 지금보다 많다. 인도는 19.6%이다. 앞서 메디슨의 통계를 보면, 유럽이 1인당 생산성에서는 조금 높았는지 모르겠지만, 1820년 당시 중국의 인구 비율이 35.5%였기 때문에 GDP 비율도 32.9%나 된다. 인도의 인구 비율도 19.6%나 되었기 때문에 GDP 비율은 16% 정도 되었던 것이다.

중국과 인도의 인구는 그 후에 오히려 증가했다. 그럼에도, 19세기 말부터 20세기 동안 GDP 점유율이 줄어버렸다. 1950년에도 중국과 인도는 겨우 세계 GDP의 4.6%와 4.2%의 점유율을 차지했을 뿐이다. 이는 서구 선진국들이 산업혁명으로 얻은 혁신기술을 사용해 점유율을 넓혀가는 동안 중국과 인도는 새로운 기술을 활용할 기술 자체를 가지지 못했고 그 기술을 보급시킬 사회제도 또한 미비했기 때문이다.

중국과 인도의 이러한 상대적 쇠퇴는 근대 세계시스템의 확대와 표리관계에 있다. 산업혁명으로 영국과 네덜란드를 비롯한 서구열강의 1인당 생산성은 몇 배로 뛰어올랐다. 생산성의 증대는 무기를 비롯한 모든 공업 분야에서 눈부시게 나타났다.

그 결과 서구열강의 토지 지배력은 그 이전에 비해 현저히 높아졌고, 19세기에 들어 서구 제국의 GDP 점유율은 중국, 인도와 극단적인 차이가 생겨난 것이다.

포스트모던postmodern과 프리모던premodern

상식선에서 생각해보면 영국 같은 작은 나라가 겨우 군함 몇 척을 이끌고 중국 연안에 나타났다는 점도 이상하지만, 거대한 중국이 영국과의 전쟁에서 패배했다는 사실은 더 이상하다. 상당한 군사 능력의 차이가 없었다면 거대한 중국이 작은 영국에 질 리는 없었을 것이다.

증기기관을 발명하고 철강을 만들고 그것으로 증기선과 군함을 만드는 기술이 이러한 것을 가능하게 했다. 이것이 산업혁명을 기동력으로 한 근대 세계시스템이 세계 전체를 제패할 수 있었던 아주 중요한 이유이다.

16세기와 17세기에도 유럽 국가들이 아시아에 왔지만, 항구에서만 기웃거렸을 뿐, 내륙 깊은 곳까지는 들어갈 수 없었다. 군사력이 압도적이지 못했기 때문이다. 경제력 면에서도 19세기 이전의 유럽 제국의 제품은 아시아 제품보다 품질이 떨어져 잘 팔리지 않았다. 그런데 산업혁명 이후에는 상황이 돌변했다. 영국의 제품이 훨씬 싸고 품질도 좋았으며, 잘 팔렸다.

여기에서 다시 2030년에 중국과 인도의 GDP 점유율이 각각 23.8%와 10.4%가 된다는 것의 의미를 생각해보자. 이것은 18세기 말의 산업혁명을 계기로 발생한 신기술이 서서히 세계 전체로 보급돼, 이 기술을 활용할 개인의 능력이 향상되고 사회제도도 정비된 결과로 생각할 수 있다.

1인당 생산성을 높일 기술이 전 세계에 보급되면 한 지역의 GDP를 결정하는 것은 결국 인구가 된다. 이런 식으로 돌고 돈 것이 세계 근대사가 아닐까? 근대라고 하면 서구가 갑자기 마법 지팡이를 지니고 강해진 시기라고 할 수 있지만, 이 마법 지팡이를 언젠가는 누구라도 가질 수 있게 되자, 더는 마법 지팡이가 아니게 된 것이다.

근대화modernization가 전 지구 끝까지 진행되면 세력의 분포는 원래대로 돌아간다. 포스트모던이란 말은 결국 프리모던으로 되돌아간다는 말로 바꿔 부를 수 있다.

저개발의 고정화?

하지만, 지구 상의 모든 국가가 모두 그렇게 될지는 여전히 불분명하다. 20세기 초에 속칭 '종속론'이라는 학파가 나타나 '중심'은 점점 발전하고 '주변'의 저개발 상태는 점점 고착돼 그 격차가 점점 확대될 것이라는 주장을 내놓았다. 이 주장을 따르면 산업혁명이 발생시킨 기술혁신을 독점한 '중심'은 점점 발전하지만, 이 기술이 전파되지 않은 '주변' 지역은 점점 더 저개발 상태가 된다. 이 견해가 맞는다면 앵거스 메디슨이 주장한 2030년의 추계 현실은 불가능하다.

물론, 21세기 전반에 지구 상의 모든 인간이 같은 수준에 도달하는 상황은 실현되지 않을 것이다. 앞서 '혼돈권'이라 부르는 지역이 금방 사라질 조짐도 거의 보이지 않는다. 그러나 20세기 후반 현재 기술혁신으로 경제를 발전시키고 1인당 생활수준을 높인 사례는 세계 곳곳에서 발견되고 있다. 따라서 저개발이 필연적으로 고정된다는 주장에는 동의할 수 없다.

가장 확실한 예는 아시아이다. 1970년대 이후 발전한 한국과 대만, 홍콩, 싱가포르 등의 신흥공업국NIES이 동남아 국가들의 발전을 자극했고, 나아가 중국 발전의 원동력이 되었다. 언젠가는 인도도 그렇게 될 것이다. 이것은 산업혁명으로 시작된 불평등화가 200년 만에 일단락된다는 것을 뜻한다.

유럽인이든 미국인이든 중국인이든 기본적인 능력은 당연히 같다. 그런 관점에서 보았을 때 신기술을 최초로 발견한 사람이 처음에는 당연히 유리하겠지만, 결국은 인간이 생각한 것이기 때문에 같은 능력을 갖춘 인간은 그것을 보고 따라 할 수 있다. 이처럼 '흉내의 연쇄=기술의 전파'가 일어나면 마지막에는 '평평한 세상'이 될 것이다.[18]

다만, 기술 전파의 평준화가 곧바로 달성되지 않고 2세기나 걸렸다는 점은 19세기와 20세기 근대 세계시스템의 비극이라 할 수 있다.

18 Thomas Friedman, The World is Flat: A Brief History of The Twenty-first century, 2005.

2. 21세기의 '다극'의 모습은?

19세기 이전

그러면 그렇게 해서 평준화가 진행된 세계시스템은 어떤 시스템이 될까. 먼저 말할 수 있는 것은 2030년의 경제력의 분포가 1820년과 비슷한 모양이 된다고는 하지만 2030년이 1820년과 꼭 같은 상황이 될 수 없다는 점이다. 왜냐하면, 19세기 이전의 세계는 앞서 서술했듯이 '하나의 세계'였다고 말하기 어렵기 때문이다.

각각의 경제력으로 따지자면 중국과 인도, 서구 모두 거대한 경제력을 지니고 있었지만, 나라 간의 상호 연관성은 아주 희박했다. 그것을 상징하는 한 사례가 있다.

18세기 말인 1793년, 영국 국왕 존 3세는 청의 건륭제에게 매카트니를 사절로 보내 '북경에 대사大使를 설치해달라'며 수교와 교역을 요청했다. 이에 건륭제는 다음과 같은 서한을 영국 국왕에게 보냈다.

"아주 먼 곳에 사는 영국 국왕이 문화의 중심인 중국에 오고 싶어 일부러 사절을 보내 문안하는 것은 아주 기특한 일이다. 하지만, 문화의 차이는 좀처럼 극복하기 어려운 것이다. 영국과 중국은 달라서 영국인이 아무리 열심히 공부해도 중국인처럼 될 수 없기에 노력해도 소용이 없다. 중국에는 귀국의 사절이 본 바와 같이 세계 모든 나라가 여러 가지 공물을 바쳐오기 때문에 없는 것이 없다. 그러므로 귀국의 제품 중에서 필요한 것은 아무것도 없다."

이 서한은 영국에서 산업혁명이 일어난 직후에 중국 황제가 영국 사절을 통해 영국 국왕에게 보낸 것이다. 즉 건륭제와 존 3세는 전혀 다른 세계에 살고 있었다는 뜻이다. 건륭제는 그 후 중국에 150년 동안 굴욕의 역사를 안기게 한 상대국에서 무엇이 일어나고 있는지 전혀 알지 못한 채 중국이 세계의 중심이라고만 생각하고 있었던 것이다.

그러나 그것도 무리가 아니다. 앞에서 살펴보았듯이 바로 다음 시대인 19세기 초 중국 경제력의 세계 점유율은 무려 32%였다. 유럽 전부를 합친 것(23%)보다 훨씬 많았다. 그런 중국의 황제가 자신의 주위만 보고 멀리서 온 외국인을 이렇게 취급한 것은 그리 이상한 일이 아니다.

근대 세계시스템 속의 '다극시대'

이 일화는 세계시스템이 지구 전체로 확대하지 않았던 때의 이야기다. 가령 2030년에 중국의 GDP가 세계 최대가 된다 하더라도 그때의 중국 국가 주석이 건륭제 같은 세계 인식을 나타낼 것이라고는 상상하기 어렵다.

2030년 중국의 통치자는 자국 경제가 미국, 유럽의 경제와 밀접하게 연결돼 있다는 사실을 잘 알 것이다. 따라서 2030년에 달성할 중국과 인도의 경제력 규모는 19세기에 중국과 인도가 지니고 있던 경제력의 규모와는 전혀 다르다고 생각해야 한다.

그렇다면, 세계시스템이 하나가 된 후부터의 지난 역사에서 앞으로 올 이러한 미래와 비교할 수 있는 시대가 있을까. 어쩌면 역사에서 나타난 여러 '다극시대'와 대략 비슷한 상황이라 할 수 있다.

19세기 서구 중심의 근대 세계시스템에는 중국과 인도는 포함돼 있지 않았지만, 굳이 비교하자면 영국과 프랑스와 프러시아와 러시아가 대략 비슷한 세력을 형성했던 시기와 비교할 수 있다. 2030년의 세계시스템이 이 시대의 상황과 비슷할 것이라고 볼 수 있다.

앞에서 보았듯이 2030년엔 서유럽이 13%, 미국이 17.3%, 중국이 23.8%, 인도가 10.4%이고, 일본은 3.6%로 각각의 점유율은 그리 높지 않다. 구소련도 3.4%의 낮은 점유율을 차지한다. 이런 상황을 놓고 보면 21세기 세계는 '미국 일극의 세계에서 다극의 세계'로 나아간다는 주장이 나름대로 정당성을 갖게 된다. 즉 어떤 나라든 어떤 지역이든 간에 다른 곳을 압도할 만한 힘은 지니지 못한다.

20세기 후반(1973년)에도 서유럽과 미국이 각각 25.6%와 22.1%로 비슷하긴 했지만, 이 점유율은 서유럽의 총계이다. 영국과 프랑스, 독일의 점유율을 하나씩 떼어보면 모두 한 자리 숫자에 불과해 미국의 두 자리 수와는 큰 차이가 있다.

따라서 '20세기 후반은 미국의 패권시대'라는 정의는 타당한 것이며, '21세기는 패권시대에서 다극시대로 나아갈 것'이라는 상황 인식은 틀린 것이 아니다.

다극시대와 안정

지금까지는 경제 규모라는 측면에서 논의를 진행해왔다. 그러면 이 '다극의 세계'는 질적으로 어떤 세계일까. 종래의 국제정치학 논의에서 보면 다극의 시대는 그다지 안정적이지 못한데다 세계전쟁의 발발 가능성마저 존재한다. 근대 19세기와 20세기 동안 특히 대륙, 예를 들면 유럽의 다극시대는 분명히 아주 불안정했다.

제1차 세계대전이 발발하기 전의 세계는 '다극의 시대'였다. 비교적 비슷한 힘을 가진 나라들이 두 개의 진영으로 나뉘어 그 두 개의 진영 간에 전쟁이 일어났던 것이 제1차 세계대전이다.

제1차 세계대전이 끝나고 제2차 세계대전에 이르는 시기는 미국의 압도적인 힘은 아직 자리 잡지 않았고 영국의 압도적인 힘은 저하된 시기였다. 제1장에서 서술했던 킨들버거의 학설은 그런 상황을 명백하게 드러내고 있다. 능력을 키워온 미국은 최후의 대주가 될 의욕이 없었고 예전의 패권국이었던 영국은 이미 능력을 잃어가고 있었다. 제2차 세계대전은 바로 그러한 상황 속에서 발생한 것이다.

이러한 역사를 보면 '다극시대'는 안심할 수 없는 시대이다. 따라서 미리 준비해야 한다. 하지만, 두 번의 세계대전의 전전戰前 역사에서 그랬다 하더라도, 전체의 사례 수로 보면 그다지 위험이 드러난 시대가 많지 않았기 때문에 21세기 다극의 시대가 반드시 불안정하다고 말하기는 어렵다. 게다가 그동안 세계시스템의 여러 요인이 상당히 변했다.

앞에서 서술한 바와 같이 21세기 경제력 분포가 19세기 초와 비슷하다 해도, 이전에 모든 나라가 하나의 세계시스템 속에 존재하지 않았던 때와 오늘의 상황을 비교하는 것은 거의 의미가 없다. 하나의 세계시스템에 '다극시대'가 존재한 적도 있긴 하지만 이 시스템의 성격 자체도 19~21세기 동안 상당한 변해왔다. 따라서 19~20세기 다극과 21세기 다극이 반드시 같다고는 할 수 없다. 어떤 점이 다른지 꼼꼼히 검토해봐야 한다.

국가와 군사력

문제는 19세기 중엽부터 20세기 전반에 걸친 다극과 21세기 다극을 어떻게 구별하는가 하는 것이다. 이 문제를 생각하려면 먼저 국가의 역할 가운데 군사력이 가지는 의미를 따져봐야 한다. 즉 국가와 군사력과의 관계가 19세기부터 지금까지 어떻게 변천돼왔느냐는 점이다.

우선 군사력의 의미를 살펴보자. 앞에서 서술했듯이 산업혁명으로 근대 세계시스템의 중심 국가들은 군사력이 현저히 강화되었다. 군사력은 강화되었지만, 비교적 비슷한 수준이었기에 국제분쟁은 전쟁으로 해결하는 것이 당연하다는 인식이 19세기 후반까지 지배적이었다. 이런 인식을 하게 된 데에는, 그때까지도 산업혁명 이전 시각으로 전쟁을 바라봤다는 이유가 있기 때문이다. 18세기까지의 전쟁은 군사력으로 결말이 난다 해도 결국 전쟁에서 희생되는 것은 군인에 한정되고 사회 전체가 큰 영향을 받을 정도는 아니었다. 19세기까지도 군사력의 행사는 당연하다는 인식이 남아 있었다.

하지만, 20세기에 들어서자 전쟁은 위험하다는 인식이 싹텄다. 이러한 인식으로 제1회 세계군축회의가 1899년 헤이그에서 개최되었다. 그런데 분쟁 해결의 수단으로 군사력의 행사는 당연하다는 사고방식이 불식되지 않은 채 발발한 제1차 세계대전과 제2차 세계대전의 결과는 너무나 비참했다. 제2차 세계대전 말기에 사용된 원자폭탄의 위력으로 군사력을 분쟁 해결 수단으로 사용하는 것은 곤란하다는 인식이 확산됐다.

원폭은 히로시마와 나가사키에 투하된 이후 실전에 한 번도 사용되지 않았다. 냉전 기간에 미·소 쌍방은 핵무기를 계속 만들긴 했지만, 이것을 사용할 사태는 한 번도 일어나지 않았다. 20세기 후반, 핵무기로 상징되는 군사력의 지나친 비대는 강대국으로 하여금 군사력을 정치 목적을 이루는 데 사용할 수 없게 만들었다.

현대식 무기가 지나치게 강해졌기 때문에 재래식 무기도 그렇게 쉽사리 사용되지 않았다. 물론 전쟁 자체가 없어지지는 않았지만 그래도 강대국 간의 전쟁은 20세기 후반부터 쭉 감소하고 있다. 강대국 간의 군사력은 '억지'라는 형태로 사용되었다. 즉 군사력을 포함한 국가의 기능은 다른 나라의 공격을 억지하는 데 중점을 두게 되었다.

이 때문에 제2차 세계대전 이후 60여 년간 주요국 간에서는 전쟁이 일어나지 않았다. 아시아만 해도 중국이 베트남을 공격한 중월전쟁(1979) 이후 국가 간 전쟁은 거의 발생하지 않았다. 따라서 군사력을 당연히 정책 수행의 수단으로 여겼던 다극시대는 이제 존재하지 않는다.

상호 의존의 경제

또한, 억지력으로서의 군사력과 더불어 경제가 상호 밀접하게 연결되는 경향이 심화해왔다. 중국과 인도가 앞서 서술했던 200여 년에 걸친 산업혁명의 과정을 넘어 커다란 경제 점유율을 가지게 되었다. 기술 전파와 경제가 밀접히 관련한 결과, 속칭 경제적인 통합, 경제적인 상호 의존이 이들 지역에서 일어났던 것이다.

제1장에서 서술했듯이 현재의 금융위기가 차질 없이 극복된다면 세계경제는 점점 밀접하게 연결돼 경제적인 상호 의존은 더욱 심화할 것

이다.

마지막으로, 최근 국제정치학의 가설 중 '민주평화론'이라는 유력한 이론을 살펴보자. 이 이론은 '민주주의 제국들은 전쟁하지 않는다'는 주장인데, 독일 철학자 칸트가 『영구평화론』에서 전개했던 논의를 현대에 적용시킨 것이다. 이 가설은 제2차 세계대전 후 구미와 일본을 비롯한 선진국의 안정된 민주주의 체제가 세계평화 정착에 공헌했다고 주장한다.

안보 공동체의 탄생

이처럼 ① 군사력의 의미 변화 ② 경제적 상호 의존의 심화 ③ 민주주의 체제의 보급으로, 전쟁을 거의 생각하지 않는 지역, 즉 안전보장 공동체가 조성돼왔다. 이 세 가지 흐름으로 19세기 이전 세계와는 아주 다른 세계가 만들어졌다고 할 수 있다.

물론 이 세 가지 요인 때문에 세계적인 전쟁이 일어나지 않을 것이라고는 단언할 수 없다. 민주평화론의 관점에서 볼 때 중국과 이란의 정치체제는 민주주의와 아주 동떨어진 데다 러시아의 민주주의도 많은 문제를 안고 있다. 현재의 금융위기 대책이 잘못된다면, 국내 모순을 내포한 몇몇 국가에서 무력으로 국제질서를 변화시키고자 하는 세력이 대두하고, 그렇게 되면 사태는 급변할 가능성이 있다.

제1차 세계대전 직전 노먼 에인절Ralph Norman Angell이 『거대한 환상The great illusion』이라는 책을 발간해 베스트셀러가 되었다. 이 책에서 그는 '지금처럼 경제적 상호 의존이 진행된 세계에서는 전쟁이 불가능하다'라고 썼다. 그러나 곧바로 제1차 세계대전이 발발했다.

따라서 경제적인 상호 의존의 심화만으로 전쟁 불가능을 단정하기는 어렵다. 그런 의미에서 '21세기 다극은 19세기 다극과 다르므로 주요국 간의 전쟁은 절대 일어나지 않는다'라고 단언할 수는 없다.

그러나 실제로 전쟁이 발생하기 어렵게 돼가는 것은 사실이다. 앞서 검토한 세 가지 요인들이 제1차 세계대전 직전과는 비교할 수 없을 정도로 엄청나게 강해졌기 때문에 전쟁을 방지할 가능성은 크다.

적어도 현 상황에서는 제1차 세계대전 직전 영국과 독일의 대함대 건조 경쟁과 같이 서로 자극하는 군비 확장 경쟁이 일어나고 있지는 않다. 그렇기에, 앞으로 이러한 사태를 피하려면 금융위기에 적절하게 대응해 나가는 것이 무엇보다 중요하다.

비국가행위자nonstate actors의 위협

주요국 간의 전쟁이 발생하기 어려운 또 하나의 요인은 위협의 성격이 변하기 시작했다는 점이다. 근대가 되면서부터 국가를 위협하는 존재는 대부분 다른 국가였다. 하지만, 20세기 후반 특히 21세기에 '새로운 중세'와 같은 현상이 발생한 이후의 중대한 위협은 비국가행위자로부터의 위협이었다.

비국가행위자부터의 위협은 줄지 않고 있다. 그 자체도 우려할 만한 것이지만 테러리스트의 위협과 테러리즘의 문제는 국가 간 협력의 매개체도 될 수 있다. 테러리스트가 누구를 습격할지는 알 수 없다. 어디에서 습격할지도 모른다. 그렇다면, 테러리스트의 섬멸이 모든 국가의 이익이라는 식의 발상도 가능하다. 그런 의미에서 21세기 안보의 위협인 테러리즘이 주요 국가 간의 대립을 누그러뜨릴 수도 있다.

국제 해적이 다시 마구 날뛰기 시작한 것도 '중세'의 특징이라고 말할 수 있다. 비국가행위자인 해적이 국가의 관리를 벗어난 해역에서 민간 상선을 습격하고 몸값을 번다. 자신의 해역에서 이러한 행위가 일어나는 것을 막는 것뿐만 아니라 공해상에서도 해적에 대처하는 것이 근대국가의 중요한 역할 중 하나였다. 그러나 지금 '혼돈권'에 있는 국가는 이러한 능력도 의사도 없다. 전형적인 사례는 소말리아 해적의 창궐이다. 이것이 국가 간의 협력을 촉진할 가능성이 없는 것은 아니지만, 지금까지 이러한 국제 해적에 적극적이지 않았던 중국과 일본이 자국의 함정을 파견했다는 사실은 또 다른 불안 요인으로 등장할 수 있다. 즉 각국이 해적 대책을 핑계로 자신들의 권익 확대를 획책한다면 세계는 또다시 불안정할 가능성이 크다.

결론을 대신해서 초기의 추세를 다시 한 번 살펴보겠다. 근대 세계시스템이 작동한 때부터 19세기 초반까지 근대 세계시스템 밖에 거대한 경제 중심으로 존재했던 중국과 인도는 근대 세계시스템에 포섭되면서 일시적으로 약해졌다가 현재 유력한 세력으로 재등장하고 있다. 이것은 근대 세계시스템에서 '유럽의 모멘트', 즉 서구가 말할 수 없을 정도로 강했던 시기의 종언을 의미함과 동시에 세계적으로 다극시대로 나아간다는 의미이다.

이 다극시대 체제를 잘못 운영하면 파국으로 치달을 가능성이 있다. 그런 의미에서 현재의 위기를 경시해서는 안 된다. 그러나 중국과 인도의 세력 확장은 단순히 위기를 조장하는 것만은 아니다. 이러한 상황은 오히려 주요국 간의 협력을 만들어나가는 기회를 제공할 수도 있다.

제3장
세계시스템을 움직이는 새로운 힘의 원리

1. 하드파워와 소프트파워의 재검토

다극세계에서의 정치

현재 세계시스템은 주요국 간의 평화와 번영, 세계화의 추진과 신흥국의 발전, 민주화의 보급 등과 같은 긍정적인 모습과 함께, 끊임없이 발생하는 위기, 불안정한 지역의 발생, 시스템의 대파국 가능성과 같은 부정적인 요소도 함께 지니고 있다.

1장에서는 최근 세계 금융위기가 발생시킬지도 모르는 정치 위기의 가능성을 검토했고, 2장에서는 미래 관점에서 인도나 중국의 부활이 가져올 세계정치의 재편 가능성을 검토했다. 이것은 현재 발생한 구체적인 사건을 계기로, 과거의 역사를 되돌아보면서 앞으로 일어날 일의 가능성을 검토해본 것이다.

이러한 검토를 더 구체화하려면 근대 세계시스템 발전을 바라보는 대략적인 조감도가 필요하다. 근대 세계시스템은 16세기경 서구에서 발생한 정치와 경제의 조직 원리로 성립되었다. 그리고 그 시스템은 지구 전역으로 확산됐다. 지역 상호의 연계가 점차 밀접해지는 경향과 더불어 세계화·국제화에 따라 근대에 만들어진 기술·관념·제도가 지구상에 전파되는 과정을 겪었다.

이런 과정은 지구상에 여러 가지 모순이나 변형, 차별을 불러왔지만, 2

장에서도 서술했듯이 장기적으로는 1인당 생산성 자체를 평준화시켰다. 이러한 예는 가장 큰 국가인 중국이나 인도의 눈부신 경제성장 추세에서도 살펴볼 수 있다.

그중에서 근대 세계시스템의 정치적인 기본 원리로 등장한 근대 주권국가는 스스로 그 기능을 변화시켜왔다. 국가는 전쟁을 수행하는 주체이기 때문에 안보 확보는 물론 국민의 생활양식에 질서를 부여하는 존재로 변모해왔다. 한편, 주권국가라는 조직 형태가 형식적으로 갖춰지긴 했으나 실질적으로는 국가의 기능을 제대로 행사하지 못하는 국가 또한 탄생했다. 이것이 바로 혼돈권의 파탄국가이다.

국가의 모습이 변하면서 기업이나 NGO, 테러리스트를 비롯한 지역조직이나 국제조직 같은 비국가행위자도 등장했다. 이에 따라 세계시스템에 등장하는 주체들은 더욱 다양하고 복잡한 관계를 형성했다.

따라서 세계적인 금융위기와 테러리스트의 위협 같은 문제들은 한 국가의 금융정책이나 군사조직만으로는 간단히 대처할 수 없게 되었다. 또 지금까지 없었던 전염병(예를 들면 신종 인플루엔자 A)이 발생해 세계적으로 큰 피해를 입히기도 한다.

지구 전체를 포괄하는 하나의 시스템으로서의 근대 세계시스템은 지구 전체에 직접적인 영향을 주는 생태시스템이기도 하다. 화석연료를 대량으로 사용해 국민의 생산성을 높이고 이것으로 국민의 평준화를 이룬 근대 세계시스템은 지구의 생태시스템에 큰 악영향을 미쳤다. 기후변화 문제야말로 근대 세계시스템의 발전과 지구 생태시스템 간의 모순을 극명하게 드러낸 핵심 사안이다.

주체는 변하고 있고, 문제는 세계화하고 있다. 이런 상황에서 정치는 어떤 모습일까. 현재 정치는 종래의 국가와 국가의 정치, 즉 좁은 의미의 국제정치로만 환원할 수 없다. 국가가 아닌 여러 주체가 속속 등장함에 따라 국가가 단독으로 처리할 수 없는 문제들이 점차 늘고 있다.

본 장에서는 다소 추상적일 수도 있으나 이처럼 다양한 주체가 등장하고, 문제가 세계화하는 상황을 토대로 정치의 가능성을 생각해보려 한다.

소프트파워soft power

현대 세계정치의 개념 중에 자주 언급되는 '소프트파워'라는 개념이 있다. 이 개념을 최초로 제시한 사람은 카터 정권과 클린턴 정권 때 미국 정부의 고관을 지낸 하버드 대학의 조지프 나이Joseph S. Nye Jr. 교수이다.

나이 교수의 설명은 원리적으로 명쾌하다. 소프트파워와 대비되는 하드파워는 사탕과 채찍으로 상대를 움직인다. 핵으로 군사력을 억지하거나 경제원조로 상대를 포섭하는 것 등이 전형적인 사례이다. 이에 반해 소프트파워는 상대의 사고방식 자체를 움직이게 함으로써 점차 자신의 곤란한 처지를 상대가 알아차릴 수 없게 만들거나, 자신이 바라는 것을 상대가 자발적으로 하게끔 하는 힘이다.

그런데 나이 교수가 지적한 권력의 분류는 그다지 새로운 것은 아니다. 예컨대 맹자의 '패도覇道'와 '왕도王道'의 구별은 나이 교수가 말하는 하드파워와 소프트파워라는 발상과 일맥상통하는 부분이 있다. 즉 '힘으로 사람을 복종시킨다'는 패도는 하드파워와 대응시킬 수 있고, '덕으로 사람을 교화한다'는 왕도는 소프트파워와 대응시킬 수 있다.

그러나 나이 교수는 소프트파워라는 것이 얼마나 어려운 것인지는 오히려 몰랐을지도 모르겠다. 맹자 이래 유교에서는 당연히 왕도를 설파했지만 실제로 왕도를 바탕으로 한 정치는 그리 많지 않았다.

소프트파워나 왕도의 실행이 곤란했던 이유는 아마도 접근이 '간접적'인 데다 단기적으로는 그 효과를 잘 알 수 없다는 점 때문이었을 것이다.

하드파워의 행사는 협박과 보상을 어떤 식으로 조합하느냐는 문제, 즉 '무엇 무엇을 해라' 하는 요구에 어떤 사탕과 어떤 채찍을 조합시킬까라는 문제로 귀착된다. 물론 실제로는 대단히 어렵지만, 생각 자체는 단순하다. 하드파워가 효과적인가 아닌가는 결과를 보면 어느 정도 알 수 있다. 가령 미국이 압도적인 군사력으로 이라크를 제압한다 하더라도 이라크의 내정이 안정되지 않는다면 미국의 하드파워에 한계가 있다는 것을 알 수 있다.

이것과 비교하면 소프트파워는 어떤 쓸모가 있는지 정확히 알 수 없다. 세계인의 평가를 받는 미야자키 하야오의 애니메이션이 '아주 훌륭하다'라는 칭찬 이외에 어떤 것이 일본과 일본인에게 도움이 되었는지 알 수 없다.

소프트파워라는 개념의 중요성을 인식하기는 쉽지만, 구체적인 작동 메커니즘을 파악하기는 어렵다. 다음 절에서는 일반론으로서의 파워와 그 행사의 도식을 제시하고 소프트파워와 관련시켜 현대 세계정치에서의 힘의 원리를 알아보기로 하자.

파워란 무엇인가?

그렇다면 '파워'란 무엇인가.

예로부터 학자들은 파워를 여러 가지로 정의했다. 철학자인 버트런드

러셀Bertrand Arthur William Russell은 '의도한 결과의 산출'이라고 정의했고, 케네스 볼딩Kenneth Ewart Boulding은 '바라는 것을 획득하는 능력'으로 정의했다. 무거운 짐을 들어 올리려고 생각하고 그것을 행한다면 파워가 있는 것이다. 선거에 당선되고 싶다고 생각했을 때 선거에 당선되면 파워가 있는 것이다. 즉 바라는 바를 실현할 수 있으면 파워가 있는 것이다.

막스 베버Max Weber는 사회 속의 파워를 '자신의 의사로 타인을 움직이게 하는 가능성'이라고 정의했다. 베버가 말하는 파워는 러셀이나 볼딩처럼 어떤 것이든지 상관하지 않고 실현하면 된다는 식의 개념이 아니라 인간이 다른 인간을 움직이는 가능성에 초점이 맞춰져 있다.

확실히 무언가를 실현하고자 할 때, 혼자서는 한계가 있다. 선거에 당선되려면 많은 유권자가 자신에게 투표해주어야 한다. 사회현상에서 파워는 대체로 다른 사람을 움직이는 것으로 명확해진다. 따라서 다른 사람을 어느 정도로 움직이게 할 수 있느냐를 파워라 한다.

막스 베버 식의 정의는 사회적 인간이란 관점에서 보면 그다지 문제가 되지 않지만, 국제정치의 관점에서는 다소 문제가 된다. 자국 혼자 독자적으로 어떤 것을 실현하는 것, 예를 들어 달 표면을 탐사한다든가 타국을 일방적으로 파괴하는 것 등은 파워가 아니게 된다.

따라서 우리는 '의도한 결과의 산출'이라는 관점에서 파워의 의미를 더 살펴봐야 한다.

물리행위와 상징행위

예컨대 파워는 '의도→결과'라는 관계밖에 없다. 그러면 의도는 어떻게 결과로 이어지는가. 대개 의도를 가진 인간이 의도대로 움직이면 동작에 결과가 따라온다. 짐을 들어올리려고 의도한 사람은 손을 움직여 짐을 들어올리는 결과를 얻는다. 이처럼 의도가 있는 동작을 '행위'라고 한다. 파워의 실현은 의도 있는 행위가 성공한 경우를 말한다. 가령 필자는 200킬로그램의 짐을 들어올리려 의도해도 그렇게 할 수가 없다. 그만한 힘이 없기 때문이다.

인간의 행위는 두 종류로 나뉜다. 하나는 물리행위이고 다른 하나는 상징행위이다.

물리행위는 인간이 손발을 움직여 물리법칙에 따르는 무언가를 달성하는 행위이다. 물건을 들어올리거나 활을 쏘거나 뛰거나 상대를 때리거나 흙을 반죽해 도자기를 만들거나 농사를 짓거나 자동차를 운전하거나 대포로 공격하는 것 등이 있다. 결과가 실현되기까지의 과정은 인간의 물리적인 동작, 즉 물리법칙의 연쇄로 성립된다.

인간의 또 하나의 중요한 행위는 상징행위이다. 상징행위란 나와 다른 주체 사이에 미리 합의된 상징이, 약속된 결과를 이끌어내는 행위이다. 설명하자면, 누군가 식당에서 옆 테이블 사람에게 '소금 주세요'라고 말함으로써 소금을 손에 넣는 결과를 얻었다고 하자, '소금 주세요'라고 말하는 것 자체는 입을 움직여 음파를 발생시키는 물리적 현상이지만 그 음파를 상대가 이해하는 것은 상징적인 행위이다.

이 행위에서 음파가 물리적인 법칙으로 상대에게 충격을 주어 그 반사작용으로 소금이 날아오는 것이 아니다. 게다가 상징이라는 음파는 지극히 자의적이다. 상대의 이해에 바탕을 둔 의미의 음파라면 어떤 것이든 가능하다. "Please pass me the salt." 이렇게 말해도 상대가 영어를 알면 같은 결과를 얻을 수 있다. 불어나 중국어나 어떤 언어라도 괜찮다. 양자 간에 이해만 있다면 된다. 심지어 말이 없어도 오른손을 올리는 동작만으로도 소금을 전해 받을 수 있다.

즉 인간이 파워를 행사한다는 것은 물리행위, 상징행위, 또는 이 둘이 합쳐져 어떤 의도를 실현하려는 것이다. 물론, 그 결과가 물리행위로 이뤄지는 때도 있고 상징행위로 이뤄지는 때도 있다.

오사카에 가고 싶다고 생각했을 때, 자동차를 손수 운전해 오사카에 간다면 물리행위로 의도를 실현한 것이 되고 자신이 고용한 기사에게 '오사카에 데려다 달라'고 말해서 오사카에 간다면 상징행위로 같은 결과를 얻은 것이 된다.

산업혁명 이후 인간이 사용하는 물리적인 파워는 거대해졌다. 물리법칙에 따라 작동하는 도구를 인간이 연달아 만들어냈기 때문이다. 산업혁명 이전의 인공물은 그다지 놀랄만한 것이 없었다.

전쟁에서 맨손이나 검으로는 병사 한 명이 기껏해야 몇 사람밖에 상대하지 못한다. 그러나 총을 쓰는 병사는 수십 명도 상대할 수 있다. 핵무기의 기폭장치를 가진 군인은 가공할 만한 파괴를 자행할 수 있다. 지하철을 운행하는 기관사는 혼자지만, 한 번에 몇백 명 이상의 승객을 실어 나를 수 있다.

이처럼 물리적인 파워 자체는 발달했지만, 실제 인간사회에서 물리력만으로 세상사를 움직이는 데에는 한계가 있다. 하지만, '명령'과 같은 상징적인 행위로 자신이 바라는 결과를 실현해주는 상대방이 있다면, 물리 도구의 사용 효과는 높아지게 된다. 기관총 부대에 '발사'하라는 상징을 전달하면 많은 기관총이 발사돼 더 강한 파괴력을 낳게 된다. 공작 기계를 움직이는 숙련공에게 특정한 작업순서에 따라 작업하라는 상징을 전달함으로써 자동차가 대량생산된다. 오케스트라의 지휘자는 지휘봉을 움직이는 상징행위로 혼자서는 절대 연주할 수 없는 많은 악기의 소리를 이끌어낸다.

그렇다면, 왜 상징행위로 사람이 움직이는 것인가. 물리행위로 일이 실현되는 것은 물리법칙이 있기 때문이다. 물리법칙을 믿는 한 의문의 여지는 없다. 하지만, 왜 기사에게 "오사카에 데려다 주세요"라고 말하면 기사는 기꺼이 오사카까지 데려다 주는 것일까. 이런 의문을 풀려면 먼저 상징행위에 어떤 타입이 있는지 살펴봐야 한다.

상징행위의 다섯 가지 유형 – 진술 · 요구 · 약속 · 표출 · 선언

철학자 존 사루는 인간의 언어행위를 '진술', '요구', '약속', '표출', '선언'으로 분류했다. 언어행위는 전형적인 상징행위에 속한다. 여기서는 존 사루의 다섯 가지 분류를 빌려와 상징행위를 살펴보고자 한다.

첫째, 진술assertive이란 현실의 언명, 현실에 있는 것을 그대로 전하는 상징행위이다. '지구는 둥글다', '권력은 부패한다', '미국은 소프트파워를 가지고 있다' 하는 등이 있다.

둘째, 요구directive란 상대에게 어떤 행위를 시키려는 상징행위이다. '그 컴퓨터를 내게 주세요', '핵무기를 폐기하라' 등이 있다.

셋째, 약속commisive은 자신의 장래 행위를 표현하는 상징행위이다. '케이크를 줄게', '때려주겠다'는 등이 여기에 속한다.

넷째, 표출expressive은 자기 내면의 상태(감정)를 상대에게 전하는 상징행위이다. '기뻐!', '싫어!', '깊이 사죄드립니다' 등이 있다.

이 네 가지 종류의 상징행위 중 '진술'은 그 내용을 현실에 일치시키는 행위이다. 현실에서 지구가 둥그니까 '지구는 둥글다' 라고 말하는 것이다.

이에 비해 '요구' 나 '약속' 은 현실을 언어에 일치시키려는 상징행위이다. 요구는 말로 상대를 움직이려는 행위이고 약속은 자신이 앞으로 그러한 현실을 만들 것이라는 것을 예고하는 행위이다. '컴퓨터를 내게 주세요' 라는 요구는 상대를 움직이게 하는 것이다. '케이크를 줄게' 라는 말을 하면, 여기에 맞게 자신이 현실을 변화시켜야만 한다.

'표출' 은 자신의 내면의 상징을 말하는 행위이다. 진술이 외적인 것에 말이나 상징을 맞추는 것이라면 표출은 자신의 내면에 있는 것에 말이나 상징을 맞추는 것이다.

상징행위의 마지막 유형인 다섯째, '선언declaration' 은 아주 독특한 행위이다. 일반적으로 선언이란 사회 현실을 창조하고 파괴한다. 예를 들면 대학교수가 교실에 들어와 '지금부터 수업을 시작하겠습니다' 라고 말했다 하자. 이 말은 진술도 약속도 아니다. 누군가 다른 사람이 '다나카 교수가 지금 수업을 시작하려 한다' 라고 말했다면 진술이라고 할 수 있지만, '지금부터 수업을 시작하겠습니다' 라고 교수 자신이 말한다면 그것은 진술이 아니다.

또한 '지금부터 수업을 시작하겠습니다' 라고 한 것은 '케이크를 줄게' 라고 말한 것과도 다르다. '케이크를 줄게' 라고 말했다면 지금 이 순간 당장 주지 않더라도 언젠가는 케이크를 줘야 한다. '지금부터 수업을 시작하겠습니다' 라고 말하면 10분 후의 수업 시작을 예고하는 것이 아니라, 그렇게 말한 순간 수업은 시작된다. 수업이라는 상황은 그 사람이 그렇게 말하는 것에서 발생하는 상징행위이기 때문이다.

상징행위만으로 새로운 현실을 만드는 행위가 이 타입의 언명, 즉 선언이다. 지금까지 존재하지 않았던 것(수업)이 '지금부터 수업을 시작하겠습니다'라고 말하는 순간 존재하게 된다.

반대로 회의에서 의장이 '이것으로 회의를 마칩니다'라고 하면 회의는 끝난다. 거기에서 현실은 소멸한다. 인간이 상징행위로 물리현상을 만들어내는 것은 불가능하다. 인간이 그저 '빛나라!'라고 말해도 빛은 나타나지 않는다. 그러나 선생님이 '수업을 시작하겠습니다'라고 말하면 수업은 시작된다.

사실 이런 종류의 선언은 현실 사회에서 비일비재하게 존재한다. 야구심판이 '아웃'이라고 말하면 그걸로 아웃이 된다. 총리대신이 누군가를 데려와 '당신을 외무대신으로 임명하겠습니다'라고 한다면 그 사람은 외무대신이 된다. 회사의 사장이 사원에게 '당신은 해고다'라고 하면 그 사원은 이제 사원이 아니다. 선거 날 투표소에 가서 누군가의 이름을 지정된 종이에 적어 지정된 상자에 넣으면 어떤 사람이 의원이 되거나 되지 않거나 하게 된다.

요구와 응대

결국, 상징행위로 무언가를 실현한다는 것은 이런 다섯 가지 타입의 상징행위를 어떤 식으로 사용하느냐에 달렸다. 그러면 어떤 사용방법이 있을까.

무언가를 실현한다는 의미에서, 파워와 직접 관계있는 상징행위는 요구이다. 요구는 원래 그 메시지에 현실을 맞춰 뭔가를 만들어내려는 의미를 내포하기 때문이다.

그러나 왜 요구하면 일이 실현되는 것인가. 솔직히 말하면 요구만으로 모든 일이 실현되지는 않는다. 길을 걷는 사람에게 느닷없이 "케이크를 주세요"라고 말하면 아마 깜짝 놀라 멍하게 바라볼 것이다.

보통, 실현이 되려면 요구에 뭔가 다른 상징행위가 더해져야 한다. 그냥 "케이크를 주세요"라고 말하는 것만으로는 케이크를 받을 수 없다. "케이크를 주면 내 소중한 인형을 줄게요." 이렇게 '요구'에 '약속'을 합치면 실현할 가능성이 있다. "케이크를 내놔. 그렇지 않으면 때리겠어." 이렇게 말하는 것도 가능하다.

전자가 사탕형이고 후자가 채찍형이다. 보상과 협박은 요구와 약속을 합친 두 가지 형태의 상징행위다.

물론 요구에 약속을 합친 것뿐만 아니라 다른 것도 있다. 예를 들면 요구에 진술을 합치는 것도 가능하다. 버스 기사가 승객에게 "위험하니까 자리에서 일어나지 마세요"라고 말한다. '자리에서 일어나면 위험하다'라는 진술과 '자리에서 일어나지 마라' 하는 요구를 합친 것이다. 정부더러 "공공사업에 돈 쓰지 마세요. 공공사업에 돈을 써도 경기부양엔 효과가 없습니다'라고 말한다면 그것은 '공공사업을 해도 경기부양의 효과가 없다'는 진술로 '그만두라'는 요구를 이끌어낸 것이다.

표출과 요구를 합치는 것도 가능하다. "나는 무척 화가 났다. 화났으니까 그 일은 그만 둬"라고 말하는 것이나, "당신이 자포자기하면 내가 너무 슬프니까 이제 기운 내", "깊이 사과드립니다. 그러니 이번에는 허락해주세요"라고 말하는 것도 스스로 내면을 표출하는 것과 더불어 요구하는 것이다.

상징행위가 갖는 파워의 가장 기본적인 형식은 진술과 약속, 표출을 더해서 요구를 들어주면 상대에게 이익이 된다는 것을 이해시켜 그것을 실현하는 것이다. 그러면 진술과 약속, 표출에 어떤 조건이 더해져야 상대가 순순히 요구에 따라줄까.

단순하게 말하면, 진술은 진실성이, 약속은 신빙성이, 표출은 공감이 각각의 조건이다.

'공공투자를 해도 경기부양의 효과가 없다'는 명제(진술)가 실제 현상에 가까울수록 '공공투자를 그만두라'는 요구는 쉽게 통한다. '나의 소중한 인형을 줄게요'라는 약속이 믿을 만하다면 케이크는 더 쉽게 받을 수 있다. 그러려면 인형을 반드시 가지고 있어야 한다. '때려 줄테야'라는 약속이 현실성이 높을수록 케이크는 받기 쉬워진다. 이때는 때리는 능력이 상대보다 뛰어날수록 좋다. '사죄합니다'라는 표출 행위에 공감하면 할수록 그 사과는 쉽게 받아들여진다.

반대로 진실성이 느껴지지 않는 진술과 신빙성이 낮은 약속, 공감되지 않는 표출은 통하기 어렵게 된다.

선언과 제도, 제도와 요구

그렇다면, '선언'이란 무엇일까. 사회 현실을 생성하거나 소멸시키는 것이 '선언'이다. 사실 선언은 효과적인 파워 행사법이다. 수업하겠다는 의도를 가진 교사가 교실에 가서 "수업을 시작하겠습니다"라고 말하면 수업이 성립되고 학생들 모두 수업을 받을 자세에 들어가기 때문이다.

여기에서 선언은 요구와는 달리 진술과 합칠 필요도 없고 약속할 필요도, 표출할 필요도 없다. 부하를 해고하려는 사장이 '당신은 해고야'라고 하면 그것으로 그만이다.

그러나 '선언'은 간단한 상징행위가 아니다. 왜냐하면 아무나 선언할 수 없기 때문이다. 그 학교의 교사가 아닌 사람이 갑자기 교실에 들어와서 "수업을 시작하겠습니다"라고 말하더라도 수업은 시작되지 않는다. 이상한 사람이라고 생각할 뿐이다. 만약 그 학교의 교사일지라도 자신의 수업시간이 아닌 교실에 들어가서 "수업을 시작하겠습니다"라 하면 "여기는 선생님의 교실이 아닙니다"라는 말을 들을 뿐이다.

즉, 선언에 따라 어떤 종류의 사회적 현실이 발생하거나 소멸하려면 항상 거기에 적합한 상황(문맥)이 필요하다. '적합한 상황'은 '선언' 성립의 필요조건이라 할 수 있다. 그리고 하나의 선언을 성립시키려면 많은 조건이 필요하다. '수업을 시작하겠습니다'라는 선언이 성립하려면 학교라는 조직이 필요하고 교사, 시간표, 학생이 필요하다. 이러한 여러 조건을 보통 '제도'라 말한다. 제도 없는 선언은 있을 수 없고 선언이 있다는 것은 거기에 제도가 있다는 뜻이다.

반대로 제도는 선언을 성립시키는 규약이기도 하다. 제도가 있기 때문에 선언 같은 상징행위도 쉽게 이뤄질 수 있다.

이러한 제도하에서 '요구'는 다른 상징적인 행위와 합치지 않고 단독으로 행해진다. 예를 들면 군대의 사령관은 '공격!'이라고 말하는 것만으로 군대를 진격시킬 수 있다. 병사들에게 지금 공격하지 않으면 우리는 패할 것이라고 진술하거나, 지금 명령에 따르지 않으면 벌한다고 약속할 필요가 없다. 교사는 학생에게 다음 주까지 숙제해오도록 '요구'할 수 있다. 그때도 숙제해오지 않으면 나쁜 성적을 주겠다고 굳이 약속하지 않아도 된다.

즉, 제도가 있으면 요구에 다른 상징행위를 합칠 필요가 적어진다. 그렇기에 제도는 요구를 성립시키는 또 다른 규약이라고 할 수 있다.

선언은 사회 현실을 생성, 소멸시키는 행위이고 요구란 여러 가지 행위를 다른 사람에게 실현하는 행위이다. 제도가 정비되면 될수록 선언도 요구도 실현하기가 쉬워진다. 제도란 '누가 어떤 상황에서 어떤 결과를 내는 것이 가능한가를 사전에 정해놓은 규약의 집합'이라 해도 좋을 것이다.

따라서 제도 없는 선언은 성립할 수 없고 요구도 단독으로는 실현될 수 없다. 제도가 붕괴해가는 상황에서 선언은 성립하지 않는다. 학교가 무너지면 교사가 숙제를 내주는 것도, 수업을 시작하는 것도 할 수 없게 된다.

여러 가지 상황과 파워의 상태

제도가 점점 없어진다면 어떻게 될까. 그런 상태가 극으로 치달으면 말도 통하지 않게 될 것이다. 상징행위가 통하지 않는 상황은 제도가 완전히 무너진 상황, 즉 '물리적인 상황'이라 해도 좋다.(상징행위가 통한다는 것은 어떤 사람이 어떤 음파나 부호를 누군가에게 보여주면 어떤 종류의 규약—언어 등의—에 의해 그 의미가 상대방에게 전해지는 것으로, 이것도 일종의 제도이다.)

이런 상황이면 당연히 상징행위의 파워 행사는 불가능하다. 이때 사용할 수 있는 것은 물리행위뿐이다. 따라서 물리행위를 어느 정도 행사할 수 있느냐가 파워를 결정한다.

다음 단계는 상징행위는 가능하지만, 너무 복잡한 상징은 통하지 않는 상황(규약이 거의 없는 상황)이다. 지식에 바탕을 둔 소통은 불가능하고 단순히 주고받는 의사전달만이 가능한 단계이다.

여기에서 가능한 것은 요구와 약속의 조합이다. 하지만, 선언 같은 약속은 말해도 의미가 없다. 구체적인 물리행위의 약속만이 가능할 뿐이다. 음식을 주면서 약속하거나 무기로 위협함으로써 무언가를 요구하는 것이다. 사탕과 채찍이라 할 경우의 사탕은 상대가 갖고 싶어 하는 물건을 주겠다는 약속이고, 채찍은 상대가 싫어하는 것을 행하겠다는 약속이다. 전술했듯이 전자는 보상이고, 후자는 협박이다. 이런 상황은 '물리적인 호수상황互酬狀況'[19]이라고도 할 수 있다.

상징행위로 의사소통이 진행되면 지식 공유와, 지식 생성 방법의 기준을 인식하는 공유 시스템이 생긴다. 어떤 논의를 하면 어떤 종류의 명제가 더욱 진실성을 띠는지, 합의가 형성되기 시작한다.

이 단계가 되면 보상이나 협박 없이도 어떤 일을 하는 것이 상대에게 이익이 되는지 그 사실을 지적하는 것만으로도 상대에게 뭔가를 요구할 수 있게 된다. 보통 '설득'이라는 방법이 효과를 나타내게 되는 것이다.

반대로 최소한의 지식의 공통 이해가 없다면 설득은 불가능하다. 즉, 어떤 종류의 지식공동체의 성립이 설득, 곧 '요구+진술'의 효과를 담보하는 것이다.

전 단계에서는 요구하는 행위가 물건을 받고자 하는 물리행위였지만, 이 단계가 되면 요구행위도 진술행위가 될 수 있다. 자신이 앞으로 어떻

19 호수(互酬)는 영어로 reciprocity를 뜻한다. 그러나 여기서 사용하는 '물리적 호수상황'을 호혜주의나 상호주의로 번역하기엔 다소 무리가 있다. 두 주체 간에 파워가 작동하는 고유의 방식을 설명하려는 저자의 의도에 따라 여기서는 '물리적 호수상황'으로 직역한다.(역주)

그림 4 **파워가 작동하는 장의 관계**

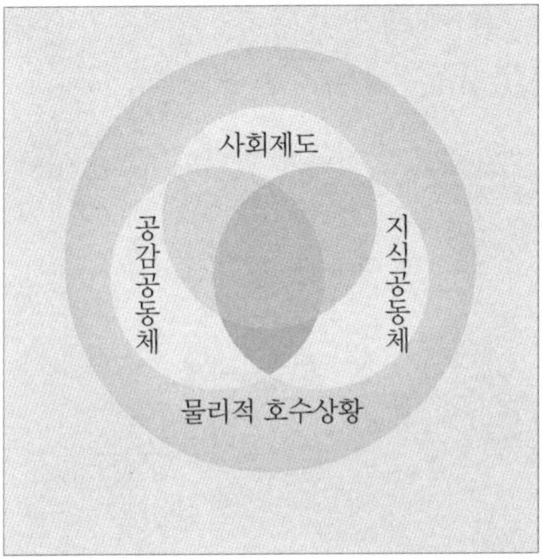

게 될지를 미리 예측하고 싶어서 그 대신 물건을 주는 일이 발생하게 된다. 종교인에게 헌금이나 보시가 모이는 것도 이러한 패턴의 하나다. 또 교사라는 직업도 이에 따라 성립된다.

마찬가지로 의사소통이 진행된 단계에서는 사람들 사이에 공감이 생겨난다. 어떤 종류의 감정을 갖느냐가 아주 당연해지므로 사람들이 비슷한 감정을 느끼게 되는 상황이 발생하기도 한다.

이러한 단계가 되면 요구할 때 보수나 협박도 필요 없고, 또 설득할 필요도 없다. 내가 기뻐하는 얼굴만으로 상대는 무언가를 해준다. 슬픈 얼굴을 보이는 것만으로 상대의 행동이 변한다. 공감공동체 속에서 파워는 표출행위에 따라 발동한다. 그러나 공감공동체 밖의 주체에게 표출행위로 요구를 받아들이게 하는 것은 곤란하다.

물리적 호수상황을 넘어선 단계에서는 집단행동이 참가자 다수에게 이익을 가져온다는 인식이 발생한다. 상징행위가 생략된 '요구'가 등장해 집단행동을 효율화한다. 나아가 집단의 기능을 원활하게 만드는 '선언'의 바탕이 되는 규약이 생겨난다. 이것이 바로 '사회제도의 탄생'이다.

결국, 파워의 행사방법은 인간의 의사소통 능력이나 어떤 종류의 공동체 혹은 제도 형성 단계와 밀접하게 관련돼 있다. 이를 정리하면 다음과 같다.

물리상황 ············ 물리행위뿐
물리적인 호수상황 ············ 물리행위의 요구+물리행위의 약속
지식공동체 ············ 요구+진술(설득)
공감공동체 ············ 요구+표출
사회제도 ············ 단독적인 요구(명령)와 선언

역사에서 지식공동체와 공감공동체, 사회제도라는 세 가지 사이의 관계는 복잡했다. 열건 질건 간에 지금까지 존재했던 모든 집단은 이 세 가지 측면을 고루 포함하며 존재해왔다. 종교조직이나 교육조직, 학회 등은 지식공동체의 측면이 전면에 나타난 집단이고 또 가족과 촌락공동체, 민족 집단 등은 공감공동체의 측면이 강한 집단이며 군대, 기업, 국가 등은 사회제도의 측면이 강한 집단이라 할 수 있다.

2. 21세기 세계시스템

물리적 호수상황?

지금까지는 파워의 일반론이었다. 이 책에서 다루는 대상은 21세기 세계시스템이다. 21세기 세계시스템의 파워는 대체 어떤 식으로 행사되는 것일까. 이것은 결국 현재의 세계시스템이 지금까지 검토해온 사회형태 가운데 어디에 해당하는지의 문제다.

전통적인 국제정치학에서는 세계시스템을 무정부 상태의 시스템이라 말해왔다. 즉, 국제정치에선 시스템 전부를 아우르는 중앙집권적인 제도가 없었다. 게다가 지식도 공유되지 않고 더욱이 공감 같은 것은 생각할 수도 없는 시스템이었다. 위의 도식에 따른다면 세계시스템이란 물리적 호수상황에 있는 시스템이라고 할 수 있나.

세계시스템 속에 어떤 선언이 있는지 살펴보면 그것을 더 명확하게 알 수 있다.

부시 전 대통령이 이라크와 이란, 북한을 "악의 축이다"라고 말해도 그 국가들이 '악의 축'으로 임명되는 것은 아니다. 이 발언은 단순한 진술일 뿐이다. 게다가 인식도 공유되지 않았기 때문에 이라크나 이란, 북한은 "사실이 아니다"라고 말할 뿐이다. 마찬가지로 이들 국가가 "미 제국주의 반대!"라는 표출행위를 한다고 해서 미국의 행위가 변하는 것은 아니다.

이렇게 보면 국제정치의 파워는 기본적으로 물리적 호수상황의 파워라는 것을 알 수 있다. 즉 물리행위의 요구를 물리행위의 약속으로 실현하는 파워이다.

북한의 핵 문제 교섭도 그렇다. 미국과 일본은 북한에 핵 관련 시설을 폐기하라는 물리행위를 요구하고 약속으로 제시하는 것이 경제원조 또는 경제제재이다. 제재나 원조 모두 손에 잡히는 것을 주고받는 물리행위이다.

이처럼 물리행위의 약속을 보상과 협박으로 분류해서 보면, 보상은 보상할 물질을 생산하는 능력, 즉 경제력에 귀착되고, 협박은 물리적 행위를 담보할 군사력에 귀착된다. 조지프 나이Joseph S. Nye Jr.가 말하는 '하드 파워'는 보상과 협박이라는 '물리행위의 약속'을 실현하는 파워이다.

지식의 역할 상승

그러나 좀 더 자세히 검토해보면 현재의 세계시스템이 완전히 물리적 호수상황에 놓여 있지 않다는 것을 알 수 있다. 여기에는 지식공동체의 측면도 공감공동체의 측면도 그리고 다른 어떤 종류의 제도적인 측면도 함께 존재한다.

예를 들면 고전적인 근대 세계시스템에도 선언과 비슷한 것이 있었다. '선전포고'에 따라 단순한 물리적 살인이 아닌 '전쟁'이라는 사회적 현실이 만들어졌다. '전쟁'에서도 반드시 지켜야 하는 규칙인 전시국제법이 존재한다. 예를 들면 백기를 들며 '항복'을 선언한 상대방을 죽여서는 안 된다는 규칙을 들 수 있다.

또 유엔의 안전보장이사회의 결의는 비교적 선언적인 성격을 띠고 있다. 따라서 "사담 후세인이 쿠웨이트를 침략한 것은 평화를 위협하는 것이다" 하고 안보리에서 결의하면 사담 후세인의 쿠웨이트 공격은 '평화를 위협하는' 행위가 된다.

표출행위도 한계는 있지만, 전혀 그 기능을 발휘하지 못하는 것은 아니다. 무소불위처럼 보였던 부시 전 정권도 세계 각국의 반미감정을 신경 쓰지 않을 수 없었다. 미국 국민이 오바마 후보를 대통령으로 선출한 배경에는 세계 여러 나라의 반미 감정이 상당한 영향을 끼쳤을 것이다.

더욱이 지식공동체의 역할은 현 세계에서 더욱 강해지고 있다. 21세기 세계시스템에 나타난 정치적인 특징은 지구적 과제에 관심이 크게 강해졌다는 것이다. 기후변화의 문제와 신종 인플루엔자 문제, 에너지 문제, 금융위기의 심각성을 모두가 인식하고 있으며 이런 문제의 심각성을 지적하는 사람은 과학자나 전문가처럼 지식을 담당하는 사람들, 즉 지식공동체의 사람들이다.

나이 교수는 하드파워가 아닌 파워를 소프트파워라고 지칭해 현대 세계에서 소프트파워의 역할이 중요해지고 있다고 언급했다. 그러나 나이가 분석했던 하드파워 이외의 파워 행사의 방법은 사실 여러 가지의 형태로 존재해왔는데, 이 책에서 이러한 분석은 이미 충분히 제시했다고 생각한다.

나이 교수는 소프트파워를 어떤 '매력'으로 상대에게 무언가를 하게끔 하는 파워라고 했는데 여기에서의 '매력'은 '공감'의 측면만을 중시한 것처럼 보인다.

제도가 어느 정도 정착되면 제도에 따르는 행동과 그렇지 않은 행동이 구별된다. 여기에서 제도에 따르는 사람은 그렇지 않은 사람에 비해 지지를 받기 쉽다. 이런 사람은 다른 사람이 반대하기 어려워진다. 이 힘도 하드파워는 아니다.

덧붙여 말하자면 나는 현대의 세계시스템에서 가장 크게 변화한 것은 지식공동체의 성장이라고 본다. 물론 공감공동체도 증가하고 제도화도 진행되고 있다. 하지만, 물리적 호수상황에서 점점 벗어날 수 있는 것은 지식공동체의 진전, 즉 상징행위 중의 하나인 '진술'의 중요성이 증가하고 있기 때문이다.

예를 들면 지구환경을 연구한 과학자나 여기에 관심을 둔 정치가, 또는 NGO 운동가들이 '이 문제를 놔두면 큰일 난다'라는 인식을 널리 알리면 이것이 전 지구적 과제가 된다.

'정말로 온난화가 진행되고 있나?'라는 회의적인 시각도 있다. 그러나 유엔 IPCC(기후변화에 따른 정부 간 패널)가 여러 과학자의 견해를 모아 '시나리오로는 몇 가지 의견이 있을 수 있지만 역시 온난화는 매우 심각한 문제다'라고 하면 '기후변화는 중요한 문제다'라고 인식되는 상황을 만들어낸다.

그 결과 기후변화에 따른 몇몇 결의가 나타났고 이를 실현하려는 조직이 만들어졌다. 1992년 최초의 '기후변화에 관한 국제연합 기본협약 UNFCCC(약칭 기후변화협약)'이 리우데자네이루(지구환경 서미트)에서 채택되었고, 1997년에는 교토의정서가 채택되었다. 교토의정서 성립 이후에도 매년 COP(기후변화 조약체결국 회의)가 개최돼 여기에서 최종적으로 각국의 행동을 정해나가는 형태를 취하고 있다.

금융위기도 그 자체로 아주 명백한 사태이다. 하지만 '금융위기는 이렇게 대처해야 한다' 라고 말하는 요구에는 '진술'이 전제돼 있다. '이대로 내버려둔 채 화폐 공급을 늘린다면 큰일 난다' 라든가 '대규모의 공공투자를 하지 않으면 실업 문제는 개선되지 않는다' 라고 경제학자가 발언하는 것도 '진술'이다.

'테러와의 싸움'에서도 테러리스트의 근거지를 공격하는 것은 물리 행위이지만 '테러와의 싸움'을 어떤 식으로 전개해나가는 것이 옳은가를 논의하는 것은 '진술'의 영역이다. '아프가니스탄 문제 해결은 군사작전에 의존하는 것보다 민생 회복에 더욱 힘을 기울여야 한다' 라고 논의하는 것은 현실 이해(인식)의 영역이다.

그러한 이해에 바탕 해서, 어떤 것이 발생하면 현실 이해(인식)가 사물을 움직이게 된다. 인식을 변하게 해서 그것으로 사물을 움직이게 하는 이러한 파워는 적어도 지구적인 과제의 대처양식으로 매우 강하게 나타난다고 말할 수 있다.

이슈 베이스의 정치

지구적 과제를 둘러싼 파워는 국제정치에서 매우 중요한 요소이다. 안전보장이라는 면에서 상대 국가의 침략에 대비하는 행위가 없어졌다고 말할 수는 없지만, 21세기의 유력한 국가 내지 유력한 여러 형태의 주체들이 신경 쓰는 문제는 이슈 베이스의 정치다. 그런 의미에서 국제정치와 국내정치는 서로 닮았다고 할 수 있다.

예를 들면 기후변화 문제를 둘러싸고 EU가 A라 주장하고 미국이 B라 주장하고 일본이 C라 주장하면서 서로 밀고 당기면서 최종적인 결론을 찾고 있다. 금융문제에서도 각각의 나라가 어떻게 해결하는 것이 좋은가를 논의하고 있다. 아프가니스탄의 테러 대책도 마찬가지다.

앞서 서술했듯이 이슈 베이스의 정치에서 보면 국제정치와 국내정치는 서로 닮았다. 단, 국내정치에서는 선거로 민주당의 주장이 옳은지 자민당의 주장이 옳은지를 최종적으로 결정하게 되지만 현재 세계시스템의 정치는 누구의 주장이 옳은지 선거나 다수결로 의사를 결정하지는 않는다.

19세기 국제정치에서 분쟁을 해결하는 제도는 '전쟁'이었다. 하지만, 현재의 국제 이슈에서 의견 대립이 발생했을 때 전쟁으로 해결하려는 것은 무의미하다. 기후변화 협약이 불가능하니 미국이 유럽을 공격해서 조약을 성사시켜야 한다는 것은 있을 수 없다. 미국이 유럽의 의견을 따라주지 않는다고 해서 유럽이 미국을 공격하는 것 또한 있을 수 없다.

세계시스템의 의사 결정 방법

그러면 세계시스템은 어떤 조건에서 최종적으로 하나의 결론을 수렴하는가. 현실에서는 '세계적 이슈'에 모두가 문제의 존재를 인정한다 하더라도 해결 불가능한 것이 상당히 많다. 기후변화 문제를 예로 들면 당시 미국의 고어 부통령이 교토의정서에 열심히 매달렸지만, 미국이 결국 비준하지 않아서 실효성을 얻지 못했다.

물론 다수결로 결정하면 된다는 의견도 있었다. 예를 들면 EU 내부의 결정에서는 다수결을 지향하고 있다. 하지만, 다수결의 구조가 지구적인 영역에서 실현되는 것은 상상할 수 없다. 우선 EU 내부에서조차 저항이 거세다. 그러면 세계시스템에는 어떠한 제도도 없는가. 또 어떠한 것도 결정할 수 없는가.

나는 그렇게 생각하지 않는다. 사태에 따라 잘되는 것도 있고, 잘되지 않는 것도 있다.

1980년대에 패권안정론이라는 사고방식이 유행했다. 세계 정부는 아니더라도 주도권을 쥔 패권국이 자신의 이해관계에 따라 어떤 문제를 해결하고자 자원을 사용한다면 질서도 유지되고 모두가 이익을 얻는다는 사고방식이었다. 이것은 경제학 교과서에 나오는 '공공재'의 공급 문제와 같은 원리이다. 등대가 있으면 모두 득을 본다. 그럼 등대는 누가 만드는가. 보통은 정부가 만들지만, 정부가 없다면 제일 부자, 혹은 해운으로 가장 이익을 많이 얻는 사람이 자신의 이익에 따라 등대를 만든다. 그러면 한 푼도 내지 않은 다른 사람들도 모두 득을 본다. 이것을 무임승차라고 하는데 부자는 그 차에 공짜로 다른 사람이 타더라도 자신이 손해 보지는 않는다. 그렇기에 등대를 만드는 것이다.

즉, 세계 정부가 없어도 패권국이 존재한다면 어떻게든 된다는 가정이다. 기후변화 문제도 가장 힘 있는 나라에서 '기후가 이상해지면 큰 피해를 보므로 어떻게든 해결해야 한다'며 말을 듣지 않는 다른 나라에 '말을 들으면 대신 상을 줄게'라고 하면 모두 따르게 된다. 속된 말로 말을 듣지 않는 사람을 매수해서라도 합의하게 한다는 것이다. 이것이 패권안정론의 문제 해결 방법이다.

그러나 지금은 이러한 방법이 통하지 않는다. 경제력 분포로 볼 때 20세기 후반의 패권국은 미국이었다. 쉽게 말하면 미국의 힘이 워낙 강해 뭐든지 해줄 수 있으므로 미국이 시키는 대로 따르면 되는 시절이었다. 하지만, 미국의 힘이 저하돼 패권국이 사라진 현재, 패권국이 없어도 국제 협소와 같은 문제 해결 구조의 형성은 가능할까.

간단한 게임이론으로 어떤 경우에 문제 해결이 가능한지를 검토해보자.

게임이론

세계시스템에는 주체가 다수이기에 실제 게임은 매우 복잡하다. 하지만, 여기서는 두 개의 주체만을 대상으로 해 상호관계를 살펴보겠다. 〈그림 5〉에서 ①에서 ④까지는 여러 가지 다른 상황을 표시한 것으로 각자 어떤 선택을 하면 서로에게 득이 되는지를 보여준다.

①과 같은 게임에서는 둘이 협력하면 양쪽 모두 좋은 결과가 나오지만, 한쪽이 협력하지 않으면 둘 다 침몰한다. 양쪽이 모두 협력하지 않으면 당연히 침몰한다. 이처럼 둘 다 침몰할 때는 양쪽 가운데 하나가 패권국이 아니더라도 협력한다.

②는 '조정게임'이다. A와 B라고 하는 두 개의 선택지가 있을 때 둘이 같은 선택을 하면 둘이 득을 보고 각각 다른 선택을 하면 둘 다 손해를 보는 게임이다. 우측통행과 좌측통행이라는 두 가지의 선택지가 있을 때, 오른쪽이든 왼쪽이든 간에 두 사람이 같은 선택을 한다면 부딪치지 않는다. 즉 한쪽은 우측통행을 하고 다른 한 사람은 좌측통행을 하면 부딪치게 된다. 예를 들어 개찰구 두 개가 있는 역에서의 약속도 같은 게임이 된다.

①에서는 서로 협력할 것이 분명하지만 ② 타입의 문제에서는 상대가 어느 쪽을 선택할지 모른다면 자신도 어느 쪽을 선택해야 좋을지 고민하게 된다. 그렇다고 해결 방법이 없진 않다. 서로 말을 맞춰서 어느 쪽으로 할지 결정하면 된다. 만약 말을 맞추지 않더라도 한쪽이 일방적으로 '나는 A로 할게요' 라고 선언하면 다른 한 사람은 '상대가 A로 했으니 나

그림 5 **여러 타입의 게임**

① 협력이 자명한 게임

	협력	비협력
협력	(1, 1)	(0, 0)
비협력	(0, 0)	(0, 0)

② 조정 게임

		Ⅱ A	Ⅱ B
Ⅰ	A	(1, 1)	(0, 0)
Ⅰ	B	(0, 0)	(1, 1)

③ 데이트 게임

	A	B
A	(3, 1)	(0, 0)
B	(0, 0)	(1, 3)

④ 죄수의 딜레마

		공범자 침묵(협조)	공범자 자백(배신)
나	침묵(협조)	징역 1년/1년	5년/0년
나	자백(배신)	0년/5년	4년/4년

* 칸 안 왼쪽 나의 징역 연 수, 오른쪽 공범자의 징역 연 수

⑤ 기후변화문제와 죄수의 딜레마

	대응	방임
대응	1/1	-2/2
방임	2/-2	0/0

도 A로 할 수밖에 없는' 상태가 된다.

③은 말하자면 '데이트게임'이다. 한 사람은 콘서트에 가고 싶고 또 한 사람은 야구를 보러 가고 싶다면 두 사람은 데이트를 할 수 없다. 원

하는 데이트 장소가 콘서트장과 야구장으로 갈려서, 자신이 좋아하는 쪽을 선택하면 데이트를 하지 못하는 최악의 결과를 낳게 된다. 이것은 ②의 조정게임과 유사한 경우인데 같은 선택을 하지 않으면 양쪽 다 손해를 보는 것이다. ②의 조정게임과 다른 점은 어느 쪽의 선택을 수렴하느냐에 따라 두 사람의 만족도가 서로 다를 수 있다는 것이다. 둘 중 어느 한 쪽이 상대보다 득을 본다.

이 게임에서는 강하게 나오는 쪽이 더 유리하다. 즉 먼저 결의를 굳힌 쪽이 이기는 것이다. "나는 꼭 콘서트에 갈 거야"라고 말해버리면 다른 한 사람은 선택의 여지가 없다. 선공을 한 쪽이 반드시 이기는 게임이다.

다른 예를 들어보자. 심각한 외적이 있는데 모두가 뿔뿔이 흩어지려고 한다. 모두가 위험해지는 것은 뻔하다. 이때, 지도자가 있는 그룹과 없는 그룹이 있다면 있는 쪽이 더 강하다. 그렇다면, 누가 지도자가 될까. 그때는 '내가 하겠다'고 먼저 선언한 사람이 지도자가 될 가능성이 크다.

이 게임은 간단한 도식이지만 심각한 문제를 내포하고 있다. 즉 ②의 '조정게임'과 비슷하지만, 분배가 불평등한 상태라면 현실적으로 ③의 타입이 많다. 일단 분배가 이렇게 결정되면 계속 그 상태가 유지된다. 유난히 적게 받은 쪽이 불평등하게 생각하더라도 혼자서는 이 상태에서 벗어나지 못한다.

현실 세계에서 기준과 규칙의 결정은 '데이트게임'의 형태로 이뤄지는 경우가 많다.

죄수의 딜레마

위의 것보다 더 어려운 것은 '죄수의 딜레마 게임'이다. 〈그림 5〉의 ④

를 보자. 이것은 혐의를 받고 체포된 두 죄수가 독방에 감금된 상황에서의 게임이다.

미국과 같이 사법 거래가 있는 제도하의 이야기지만, 혐의를 결정하는 것은 자백이다. 두 사람 모두 묵비권을 행사하면 기껏해야 징역 1년씩만 받는다. 여기에서 검사가 두 사람에게 사법 거래를 하도록 회유한다. "상대가 계속 입을 다물고 있지만 네가 자백하면 상대에게 징역 5년을 주고 너는 무죄로 해주겠다. 그런데 상대만 자백하고 네가 입을 열지 않으면 상대가 무죄를 받고 너는 징역 5년이 된다." 그러면 양쪽 다 자백하면 어떻게 되는가 물었더니 "둘 다 징역 4년이다"라고 한다.

죄수는 어떻게 해야 좋은가. 두 개의 선택이 있다. 입을 다물거나 자백하거나. 계속 입을 다물면 어떻게 될까. 상대도 계속 입을 다물고 있으면 징역 1년, 상대가 자백하면 징역 5년이다. 내가 자백하면 어떻게 될까. 상대가 계속 입을 다물면 나는 무죄, 상대가 자백하면 징역 4년이다. 선택은 간단해 보인다. 상대가 입을 다물건 자백하건 간에 내가 먼저 자백하는 것이 형이 가볍다. 상대가 입을 다물어 준다면 나는 무죄가 될지도 모르나, 상대가 자백하면 4년형을 받는다. 내가 입을 다물어도 상대가 자백해버린다면 징역 5년이다. 즉 어떤 경우라도 자백하는 것이 득을 본다.

그런데 두 사람이 이처럼 당연한 행동을 취했을 때 어떤 결과가 나올까. 양쪽 모두 자백하면 둘 다 징역 4년이 된다. 이런 결과는 어떨까. 표를 한 번 더 살펴보자. 두 사람에게 징역 4년형이 최선의 선택인가. 둘 다 계속 묵비권을 행사하면 둘 다 징역 1년이다. 이것은 징역 4년보다 좋다.

즉 이러한 상황에서는 각자 이익을 생각해 선택해도 쌍방이 모두 최선의 결과에 이르지 못하는 딜레마에 빠지게 된다. 대체 어떻게 하면 좋을까. 이것은 몹시 어려운 문제이다. 이 문제를 둘러싸고 수천 개의 학술논문이 써지고 있다.

쉽게 해결할 방법은 없다. 예를 들면 독방에 있는 것이 아니라 서로 연락할 수 있는 상태라면 어떨까. 그러나 이것이 궁극적인 해결책이 될 수 없다. 왜냐하면, 한쪽이 '서로 묵비권을 행사하면 좋으니 입을 다물자'고 제안했다고 하자. 만약 이 제안대로 상대가 입을 다물 것이 확실하다면, 나도 입을 다무는 것이 최선일까? 어쩌면 내 입을 다물게 해놓고 상대는 자백할지도 모른다. 그렇게 되면 나만 일방적으로 징역 5년형이 된다. 결국, 자백하는 것이 좋은 것으로 결정이 난다.

기후변화 문제는 '죄수의 딜레마'인가?

물론 '죄수의 딜레마'가 게임이론의 교과서에만 존재하는 딜레마라면 이론가들만 이 문제를 고민하면 된다. 문제는 현실사회에도 이와 같은 형태의 딜레마가 많이 있다는 것이다. 예를 들면 지구온난화 대책이다. 〈그림 5〉의 ⑤에 나온 숫자는 경제성장과 온난화의 피해를 더한 전체의 이익을 보여준다.

즉, 쌍방이 이산화탄소 배출을 삭감하면 경제성장은 저하될지도 모르지만 온난화가 완화돼 각각 1의 이익을 본다. 만약 상대국이 삭감하지 않고 자국만 삭감하면 온난화는 어느 정도 막을 수 있지만, 자국의 경제성장이 저해되므로 마이너스 2, 이산화탄소 삭감에 참여하지 않은 상대국은 경제성장이 달성되고 온난화 비용도 들지 않으므로 전체적으로 2

라는 이익을 얻는다. 양쪽 다 방임한다면 경제성장은 달성할 수 있지만, 온난화가 가속되어 쌍방 모두 아무런 이익을 얻지 못한다.

만약 현실이 이런데 삭감을 선택하면 상대가 삭감하든 방임하든 상관없이 언젠가는 손해를 보게 될 것이다. 더욱이 상대가 방임하고 자국만 삭감하면 아주 큰 손해를 보게 된다.

현실의 기후변화 문제에서도 주체가 둘은 아니지만, 문제의 추이는 비슷하다. 미국과 중국, 인도, 유럽, 일본이 전부 찬성하지 않으면 이산화탄소 배출 삭감은 불가능하다. 그러나 '죄수의 딜레마' 상황에서는 '협력하지 않는' 것이 합리적인 선택이 되고 그 결과 전 세계의 이산화탄소 배출 삭감은 불가능하다는 근본적인 딜레마에 빠지게 될 것이 뻔하다.

이러한 난제의 해결법은 앞서 '패권안정론'에서 말했듯이 한 나라만 두드러진 자원이 있어서 여유가 있다면 그 나라가 협력에 찬성한 다른 나라에 포상하는 방법이 있다. 이러한 포상이 협력하는 나라에 이득이 된다면 상대를 설득할 수 있다.

반대로 협력하지 않고 자신만 득을 보는 나라에 '제재'를 가해 최종적으로 이득을 없애는 방법도 있다. 그런데 현재 그 정도로 여유 있는 나라는 없다. 보상이나 제재를 할 수 있는 나라가 없다면 어떻게 될까. 한 나라만으로 할 수 없다면 2, 3개의 국가가 연계하는 것은 어떨까.

현재 기후변화 논의 중에 중국이나 인도가 삭감 목표에 합의하면 일본과 미국, 유럽이 기술지원을 해주자는 논의가 있다. 이것은 여러 나라가 협력해 중국이나 인도에 별도의 포상을 주어 전체적으로 최적의 형태를 끌어내자는 이야기이다.

다욱 근본적인 문제는 '죄수의 딜레마'의 형태로 여겨지는 현실이 정말 '죄수의 딜레마' 인가라는 의문이다. 이것은 모델의 현실성을 둘러싼 문제이다.

예를 들어 '죄수의 딜레마'에서 단기적으로는 득을 보더라도 온난화가 지속되면 장기적으로 큰 손해를 보는 것이 명백하다면 게임의 형태는 ①에 가깝다. 이러면 딜레마가 사라진다.

국가가 아니더라도 곤란한 문제의 해결에 착수할 수 있는 존재가 있다면 세계적인 문제 해결에 큰 영향력을 줄 수 있다. 또한, 기술의 진보에 따라 게임의 내용(매트릭스)이 변할 가능성도 있다. 이때 삭감 비용이 부담스럽지 않거나 삭감 수단이 경제성장을 저해하지 않는 형태면 더 좋다.

기술혁신의 비약적인 발전은 국가뿐만 아니라 세계 각지의 대학이나 민간 기업의 역할로도 이뤄질 수 있다. 혁신 기술을 실제 활용할 수 있으면 그 효과는 배가될 것이다.

가령 '죄수의 딜레마' 같은 형태로 보이는 게임일지라도 여유 있는 국가들이 협력할 수 있고, 또 현실세계의 정확한 이해로 현실이 '죄수의 딜레마'가 아니라는 것을 나타낼 수 있다면, 혹은 기술 진보에 따라 현실을 '죄수의 딜레마'가 아닌 형태로 이끌 수 있다면 세계 정부가 없어도 이 딜레마를 해결할 수 있을 것이다.

이상으로 게임의 네 가지 유형을 검토해보았다. 그렇다면, 현실은 어떨까.

실효 프로세스와 정통 프로세스

앞서 네 가지 타입의 게임을 서술했으나 현실 속에서는 어떻게 해야 좋을까. '죄수의 딜레마'는 아주 곤란한 문제이다. 그러나 내가 보기에는 지구적인 과제 중에는 '죄수의 딜레마' 형태가 아닌 것이 더 많다. 여러 가지 문제가 어떤 구조인지를 명확하게 파악할 수 있으면, 세계 정부가 없더라도 협력과 합의를 이끌어내기 쉬워질 것이다.

최근의 정치 과정을 살펴볼 때 곤란한 문제를 해결하는 프로세스에는 두 가지가 있다. 첫 번째는 실효성을 확보하는 프로세스이고, 두 번째는 정통성을 확보하는 프로세스이다.

실효성 확보의 프로세스는 G7이나 G8 등 주요 선진국 간의 협의 과정이라고 할 수 있다. 이슈 베이스의 정치에서 문제의 정확한 이해는 빠트릴 수 없다. 문제가 정확히 이해된 다음에야 그 문제를 둘러싼 게임이 어떤 형태인지 알 수 있다. 여러 가지 지구적 과제의 해명은 결국 지식공동체의 능력에 달렸다. 현 상황에서는 주요 선진국이 이를 담당하고 있다. 또 문제를 해결하고자 자원을 투입할 때도 역시 주요국이 중요한 역할을 담당한다.

그러나 제2장에서 검토한 바와 같이 중국이나 인도 등 다른 국가들의 영향력이 증대됨에 따라 협력이 필요한 주요국의 수가 증가했다. 게다가 요 몇 년 사이에 G8(미, 영, 프, 독, 이, 일, 캐, 러)에는 신흥 5개국(중국, 인도, 브라질, 멕시코, 남아프리카)의 정상이 참가하게 되었다. '다극'의 시대에는 이러한 경향이 더욱 강해질 것이다.

또한, 홋카이도 도야코洞爺湖 회의에서는 인도네시아, 오스트레일리아, 한국이 추가로 참가해 주요 배출국 회의가 동시 개최되었다. 이 16개국에 터키, 사우디아라비아, 아르헨티나와 EU 대표가 더해진 구조가 G20이다. 현재 금융위기의 대응은 G20 중심으로 이뤄지고 있다. 즉 'G7+8' 또는 '확대 G7+8'의 구조가 세계시스템에서 실효성을 담보하는 프로세스를 작동시키고 있다.

그러나 실효성 프로세스는 국가 베이스의 틀에만 한정돼 있지 않다. 여러 NGO나 기업들은 매년 G7+8에 많은 제언을 하고 있다. 예를 들면 세계경제 포럼의 다보스 회의 등은 기초 논의에 더없이 중요한 기능을 하고 있다. 물론 발전도상국의 입장이나 반세계화 NGO의 활동도 이런 실효성 프로세스에 영향을 미치고자 조직된 것이다. 2008년 홋카이도 도야코 회의 때는 G8 대학 회의 등과 같은 회의도 개최돼 학문적인 영역에서의 제언도 이뤄졌다.

그러나 지구적 과제의 해결 구조에는 정통성도 필요하다. 즉, 문제 해결의 틀은 보편의 구조여야만 한다. 현재 세계시스템에서 이러한 보편성을 담보하는 곳이 유엔을 중심으로 한 국제기구 관련 회의들이다.

유엔이 관계된 많은 회의에서의 결정은 전원 일체 또는 합의한 나라만이 구속받는 것이기 때문에 국내정치에서처럼 의회 같은 것이 있을 수 없다. 그러나 동시에 G7+8 프로세스처럼 소수 국가 간의 합의가 아니므로 더 보편적인 합의라는 형태를 띤다. 이런 보편적인 회합에 따른 합의는 세계시스템에서 '선언'의 기능을 수행함으로써 세계시스템의 큰 현실을 만들어낼 수 있다.

전형적인 예로, 이미 서술했던 기후변화 문제를 들 수 있다. 기후변화 조약에 따라 매년 개최되는 조약국 회의(COP)야말로 문제 해결에 정통성을 부여하는 구조이다. 현실 정치 프로세스는 G7+8에서 비공식 논의가 전개된 다음 주요국 간에서 여러 가지 영향력이 행사되는 구조라고 할 수 있다. 이 정치에는 국가뿐만 아니라 기업과 각종 NGO도 관여한다. 이렇게 해서 비공식적인 논의를 집약해 나가면서 최종적으로는 연 1

회 열리는 조약국 회의에서 공식 결정을 이끌어낸다.

21세기 세계시스템의 파워

이상을 정리해보면 결국 21세기 세계시스템에서는 지구적 과제와 인류 공통의 이슈에 대처할 '파워'가 중요하다는 것을 알 수 있다. 이런 파워는 첫 번째로 현실 이해의 지식을 얼마나 산출할 수 있느냐 하는 파워이며, 또 하나는 그에 따라 민첩한 의사 결정을 할 수 있는 파워이다.

'조정게임'이나 '데이트게임'에서 먼저 행동하는 쪽이 유리하다는 것은 명백하다. 물리적인 행위의 실행 수단을 풍부히 가지는 것도 물론 중요하다. 그것으로 협력체를 구성할 수도 있고, 경우에 따라서는 반대할 것 같은 곳에 보상금을 주어 회유할 제휴 시스템을 만들 수도 있다.

또한, 중요한 파워의 하나로, 지식을 잘 표현할 수 있는 '진술' 능력이 무엇보다 중요하다. 실효성 담보와 함께 정통성 부여에 상응하는 규칙을 제안할 능력도 중요한 요소다.

따라서 지식을 산출할 수 있고 의사 결정이 민첩해 다른 주체와의 연대가 잘 이뤄지는 나라가 21세기 정치를 이끌게 될 것이다. 정치 주체 간의 '요구+약속'의 의미가 사라진 것은 아니지만, 그것은 이제 연대 형성 시 도구로써 사용될 것이다. '다극'의 시대에는 물리적인 능력으로 규정된 '극'만이 중요한 역할을 하는 것은 아니기 때문이다.

제4장

오바마의 딜레마

1. 미국이 가진 자원

21세기 세계시스템과 미국

지금까지 현재 세계시스템이 직면한 위기의 특징과 그 배경에 있는 장기적인 추세, 그리고 현재 작동하는 정치형태를 살펴보았다. 그중에서도 미국이라는 존재가 이후 어떻게 되어 갈지는 세계시스템의 동향을 살펴볼 때 여전히 중요한 요소이다.

앞 장에서 일반적으로 어떤 주체가 어떤 파워를 어떻게 쓰는지 논의했다. 현재처럼 매우 복잡하고 다양한 주체로 이뤄지는 세계시스템을 일반적인 논의만으로 명확히 하는 데는 한계가 있기 때문에 각 주체의 구체적인 측면을 주목하지 않을 수 없다. 특히 20세기 세계를 이끌어온 미국이 이후 어떤 존재가 될 것인가는 신중히 검토해야 할 것이다.

서장에서도 말했듯이 현재 세계시스템의 위기 상황은 냉전 종식 후 미국의 정치·경제 정책과 그 반응으로 귀결된다. 정치 측면에서는 미국의 압도적인 힘을 전제로 한 여러 가지 시도들이 곤란해지기 시작했다.

꼭 미국만의 이야기는 아니지만, 경제에서는 시장에 맡기고 규제를 점점 완화하면 모든 일이 잘 풀린다고 보는 자유 방임주의적인 사고방식이 세계적인 대규모 버블을 발생시켜왔고 그것이 붕괴하면서 심각한 금융위기가 일어났다.

이처럼 현대 세계가 안은 여러 가지 문제들은 냉전 종식 이후 미국의 반응으로 생겨난 측면이 있다. 그렇기에 이후 세계시스템의 동향을 생각할 때 국제정치에서 미국이 어떻게 움직일지, 미국 국내 정치가 어떤 식으로 움직여 갈지를 전망해보는 것이 아주 중요하다.

미국의 '진술 능력'을 회복시키는 효과

구체적으로 말하면 2009년 1월에 출발한 버락 오바마의 미국이 어떤 방향으로 나아갈지가 매우 중요하다. 현재의 세계정세와 정책 상황을 생각하면 버락 오바마가 대통령에 당선된 것은 그리 놀랄 일은 아니다. 미국 국민이 정치와 안보 면에서 실패했다고 판단한 대통령 치하에서 경제위기가 발생했다. 대통령선거는 이런 상황에서 이뤄졌다. 정치 실패와 경제 실패 두 가지 악재가 겹친 상황에서 야당 후보가 대통령에 당선된 것은 그다지 놀랄 일이 아니다. 만약 버락 오바마가 아닌 다른 후보였더라도 민주당은 승리했을 것이다.

그럼에도, 오바마 정권의 성립, 나아가 상대 후보인 존 매케인을 압도적인 차이로 따돌리고 승리를 거둔 것은 의미가 크다. 물론 최초의 흑인 대통령이라는 의의도 크다. 하지만, 세계시스템에 미치는 영향이라는 관점에서 살펴보면 미국이 변혁을 목표로 하는 정권을 만들어냈다는 쪽이 더 중요하다. 즉, 미국은 난국에 빠져도 지금까지와는 다른 타입의 유능한 지도자를 선택할 수 있다는 가능성을 보여준 것이다.

앞 장에서 살펴보았듯이 부시 전 정권의 영향력이 저하된 최대의 요인은 불신받은 미국의 진술 능력이었다. 대테러 전쟁이건 금융규제 완화건 간에 미국이 진술해왔던 세계 인식의 진실성에 중대한 의문이 생겨난 것이다. 미국이 말한 대로 했다가는 세계가 엉망이 되고 만다, 미국이야말로 위기를 불러온 장본인이 아닐까, 하는 생각이 정치 면과 경제 면에서 나타났다. 이런 상황에서 미국은 정치적으로 침체하지 않고 스스로 행동을 수정할 수 있었다. 이런 가능성을 보여준 것이 오바마 정권의 탄생이었다.

또 지도자 개인의 적성이나 능력을 보아도 버락 오바마와 같은 인물은 좀처럼 보기 어렵다. 자금 모금부터 메시지 전달 방식에 이르기까지 선거유세의 방법을 완전히 바꿔놓은 오바마의 능력은 범상한 데가 있다.

행동 능력이나 한 나라의 지도자로서 경험이 부족한 것은 사실이나, 그것을 뛰어넘을 수 있을 만한 웅변가에다 국민과 공감하는 능력도 탁월하다. 오바마는 세계 각국에서 저런 인물이 왜 우리나라에는 없을까 하고 탄식하게 할 정도로 뛰어난 인물이다. 오바마 대통령은 뛰어난 진술 능력뿐만 아니라 세계 사람들을 '공감'하게 만드는 자질도 가지고 있다.

오바마의 난제-금융위기, 실물경제, 아프가니스탄, 기후변화

그러나 오바마 정권의 미국이 실제로 세계시스템 안에서 얼마만큼의 영향력을 행사할 수 있을지는 미지수다. 왜냐하면, 지금까지 검토한 대로 현재 우리가 직면한 위기는 간단한 문제가 아니기 때문이다. 오바마 대통령이나 오바마 대통령의 정책팀이 아무리 유능해도 이 사태를 즉각적으로 개선하기는 어렵다. 금융위기는 언제까지 계속되며 어느 정도까지 제어할 수 있을까. 실물경제에 미칠 금융위기의 파급력을 어느 선에서 저지할 수 있을까. 이는 예측이 아주 곤란한 문제들이다.

안전보장 문제의 핵심인 아프가니스탄 정세도 좀처럼 낙관하기 어렵다. 아프가니스탄에서 희생된 다국적군의 수가 2008년에 대폭 증가하는 등 사태는 여전히 개선되지 않고 있으며, 게다가 인접국인 파키스탄의 상황도 악화하고 있다. 파키스탄의 내정마저 불안정해지고 있는 상황에, 소위 말하는 '테러와의 전쟁'에서 오바마 대통령이 얼마만큼의 성과를 이룰 수 있을지는 미지수이다.

장기적인 과제인 기후변화 문제도 앞 장에서 보았듯이 난제이다. 따라서 오바마 정권 발족 직후, 미국 정치에서 통상 허니문이라 불리는 시기(신정권 탄생 후 100일간은 신정권 비판을 자제하는 관행)를 활용해 여러 가지 정책을 실행에 옮긴다 해도 그에 따라 세계정세가 즉각 호전되리라는 보장은 없다.

미국은 무력한가?

그러면 현재 세계정치에서 미국은 완전히 무력한 존재가 돼버리고 만 것인가. 아니면 제2장에서 말했듯이 중국이나 인도의 대두와 EU 통합의 영향으로 지위가 하락하고 리더십 행사도 곤란해져 영향력이 급격히 저하되는 것일까.

나는 반드시 그렇다고는 생각하지 않는다. 부시 정권의 마지막 시기에 미국의 영향력은 약해졌지만 새로운 정권이 성립된 조건에서 세계를 돌아보면 현재 세계에서 미국만큼 지도력을 발휘할 수 있는 나라는 없다.

앞서 말한 대로 파워를 구성하는 여러 가지 측면을 냉정히 분석해보면 여전히 미국이 세계에서 가장 우수하다는 사실은 틀림없다. 이라크전쟁 실패와 아프가니스탄 정세 악화에도, 그리고 세계 금융위기의 발생과 이후의 장기 불황 가능성에도 미국은 이러한 문제에 대처할 조건을 가장 잘 갖춘 나라이다.

거기다 현대 세계의 국제정치 게임에서 지도력을 발휘할 수 있는 조건도 오바마 정권의 등장과 함께 어느 정도 정비되었다. 물론 우위에 있다고 해서 이러한 문제를 당장 해결할 수 있는 것은 아니다. 게다가 이라크 문제와 금융위기는 미국이 불러온 위기이기도 하다. 그러나 결국 세계의 다른 여러 나라와 비교했을 때 이 위기 상황에서 세계를 다시 일으켜 세울 힘을 지닌 나라 또한 미국이다.

금융위기 회복 자금은 미국으로부터

예를 들면 현재의 금융위기를 회복시킬 수 있는 '최후의 채권자'는 누구인가. 현재 세계에서 최대의 채권자는 여전히 미국 정부 자신이다. 불량 채권 처리 문제로 부시 전 정권이 언급했다는 7천억 달러는 미국이 어딘가 다른 나라에 신세를 지거나 IMF가 지급해준다는 말이 아니다.

1997년의 아시아 금융위기 때의 태국이나 한국, 1998년 디폴트 위기를 맞은 러시아 같은 나라들은 자력으로 위기에서 탈출할 수 없었기 때문에 외국의 도움을 받아야 했다. 그러나 현재 세계 금융 정세에서 미국에 현금을 융통해줄 유일한 나라는 미국뿐이다.

달러의 대폭락을 막으려면 최대의 외화 보유국인 중국이나 일본의 대미 협력이 꼭 필요하다. 하지만, 중국이나 일본이 미국에 협력하지 않을 가능성은 거의 없다. 중국이나 일본이 외화, 즉 미국 재무성이 발행한 증권 형태로 보유한 달러를 대량으로 팔면 달러의 대폭락으로 온 세계가 더 큰 혼란에 빠진다. 달러가 폭락하면 중국, 일본 모두 곤란해진다. 즉 중국과 일본은 미국과 운명을 같이하는 운명공동체인 것이다. 미국에 협력하지 않는다는 것은 합리적이지 않다. 따라서 미국은 중국과 일본과의 협력을 기반으로 해 금융 문제를 개선해나가는 형태로 방향을 잡을 것이다.

물론 미국의 재정 적자가 감당할 수 없을 만큼 엄청난 액수일 가능성도 있다. 그렇다 하더라도 미국의 경제 규모와 경제 활력을 고려해볼 때 대처가 불가능할 정도의 상황은 아니다. 미국이 1930년대의 대공황 때 자국이 취해왔던 대응책을 반면교사로 삼는다면 세계 경제 안정화를 위해 무엇보다도 미국 자신이 스스로 부담을 걸머짐으로써 사태를 호전시켜 나가려고 할 것이다.

또 세계적인 경제 규모를 비교해볼 때 EU 전체의 경제 규모는 미국과 거의 같다. 이번 금융위기로 미국뿐만 아니라 유럽도 실물경제에서 큰 피해를 볼 것이다. 경우에 따라서는 미국보다 유럽이 더 심각한 타격을 입을지도 모른다.

최근 유럽에서 발생했던 아이슬란드 파산의 영향도 아이슬란드 한 나라에 멈추지 않고 비교적 경제 규모가 작은 동부와 중부유럽의 소국에까지 두루 미쳤다. 유로권 지역에만 한정해 보아도 회복 궤도에 즉각 진입할 수 있으리라고 낙관할 수 없다. 거시경제 정책에서 독일과 프랑스, 이탈리아 같은 나라들이 효과적으로 협조할 수 없다면 유럽 전체의 행동통일이 불가능할 것이다. 여기에 더해 금융위기 이후 유로화의 가치도 하락하고 있다.

이러한 면에서 이후 유럽이 세계적인 지도력을 발휘할 가능성은 거의 없다. 즉 미국이 못한다고 해서 유럽이 전면에 나설 상황은 아니라는 뜻이다. 유럽과 비교하면 미국의 지도력은 여전히 강하다.

미국의 압도적인 군사력-전 세계 군사력의 41% 차지

안보면에서도 아프가니스탄 등지에서의 '테러와의 전쟁'은 미국에 뜨거운 감자다. 부시 전 정권이 2001년 이후 공세를 펼쳤지만 알 카에다 세력을 아프가니스탄에서 일소할 수 없었다. 오바마 정권으로 바뀌었다고 해서 이것을 당장 해결할 수 있는 묘안은 없다.

게다가 미국은 이라크전쟁에서 실패했다는 부담감 때문에 당분간 다른 나라에서의 군사개입을 자제할 것으로 보인다. 그러나 미국이 보유한 자원은 세계 어느 나라와 비교해보아도 압도적이다. 예를 들어 2006년 세계 군사비 지출 통계를 보면 미국 군사비가 세계 전체의 41%나 차지하고 있다.

제2장에서 소개한 앵거스 메디슨의 자료를 보면 2003년 미국의 GDP 점유율은 20.7%였다. 즉 미국의 군사력 점유율은 경제 점유율의 2배 정도가 된다는 말이다. 『The Military Balance』가 중국이 공표한 자료보다 높게 계산하고 있다는 점을 고려해도 중국의 군사력 점유율은 10% 남짓이다. 즉 중국의 군사비는 미국의 4분의 1이라는 이야기다. 이 자료에서도 알 수 있듯이 미국은 군사력에서 압도적 우위에 있다.

게다가 안전보장의 기반은 과거에 수행했던 군사작전의 양과 성패 여부로 결정되기 때문에 군사비 지출의 연간 추이만을 가지고 비교하는 것은 무의미하다. 실제로 제2차 세계대전 이후 미국만큼 군사 경험이 많은 나라는 없다. 그 결과 어떤 무기와 어떤 군대를 어떻게 운용하면 무엇이 가능한지의 지식과 노하우 면에서 미군에 필적할 군대는 세계 어디에도 없다. 그런 의미에서도 미국과 비교할 군사능력을 갖춘 나라는 없다.

미국 안보 정책의 변화

그렇다고는 해도 미국의 과다한 군사비 지출 방식이 지나치게 어리석었다는 지적은 있을 수 있다. 그 정도의 강대한 군사력을 가지고 있으면서도 이라크와 불필요한 전쟁을 벌여, 쓰지 않아도 될 돈을 쓸데없이 써버렸으니 금융위기가 발발한 게 아니냐고도 말할 수 있다.

하지만, 세계 어디를 둘러보아도 미국만 한 능력을 갖춘 나라나, 미국보다 현명하게 안보 정책을 수행할 수 있는 나라는 없다.

안보 정책을 개별적으로 살펴보면 부시 행정부의 마지막 2년간의 정책은 그 이전의 6년보다는 상당히 개선되었음을 알 수 있다. 2006년 중간선거에서 공화당이 패배하자 럼스펠드 국방장관이 부시 정권의 이라크 정책을 책임지는 형태로 해임되고 대신 로버트 게이츠가 국방장관에 임명되었다. 그 이후의 미국 안전보장 정책은 비교적 견실하게 수행됐다고 말할 수 있다.

이라크에서의 미국의 작전도 변경되었다. 게이츠 국방장관과 페트레이어스 사령관은 이라크 안정화 정책에 병력을 많이 투입하지 않고 군사력을 중심으로 이라크를 안정시킨다는 종전의 방식에서 궁을 증파하고서 군사력을 전면에 내세우지 않는 형태로 방침을 전환했다. 이 정책이 시행된 2006년 이후 미군 사상자는 극적으로 감소했고 이라크 안정화의 방향도 희미하게 나타나기 시작했다.

2008년부터 2009년의 시점에서 아프가니스탄과 이라크를 비교해보면 이라크는 훨씬 평화로운 곳이었다는 인상마저 든다. 실제로 이라크가 아프가니스탄보다 평화로웠을 리는 없지만 어려운 가운데에서도 소기의 성과를 거두었다는 뜻으로 해석할 수 있다.

지구적 문제의 해결과 지적 기반

세계정치를 지도하는 지적 기반, 즉 진술 능력 면에서도 미국의 지위는 상대적으로 강하다. 기후변화와 신종 인플루엔자, 대재해 같은 여러 가지 지구적인 과제를 해결할 수 있는 지적 기반의 강고함이라는 면에서 미국의 능력은 압도적이다.

지적 기반의 우위를 어떻게 측정해야 할지는 상당히 어렵다. 하지만, 압도적으로 많은 수의 노벨상 수상자가 미국에서 활동하고 있다는 사실만으로도 미국이 우위를 지녔다는 것을 따로 설명할 필요가 없을 것이다. 그러면 구체적인 지표 두 가지만 살펴보자.

첫째, 과학기술 연구비이다. 2008년「과학기술백서」에서 구매력 평가로 각국 연구비의 대략적인 규모와 경향을 개관한 것을 보면 미국이 42.8조 엔으로 다른 나라를 압도하고 있으며 이어서 EU-27개국이 31.0조 엔(EU-15개국은 30.2조 엔), 일본 18.5조 엔, 중국 17.9조 엔, 독일 8.3조 엔이며, 프랑스, 영국, 한국이 4-5조 엔으로 거의 같은 수준이라고 한다.

최근 여러 곳에서 발표하는 세계의 대학 순위도 흥미롭다. 순위를 보면 상위는 거의 미국의 대학이다. 예를 들면 2008년도 THE/QS의 순위 상위 20위 중 13개교가 미국의 대학이었고, 같은 해 상하이교통대학의 순위에서는 상위 20위 중 무려 17개교가 미국의 대학이었다. THE/QS 순위 중 미국 외의 대학은 영국 대학 4개교와 오스트레일리아, 일본, 캐나다가 각각 1개교(도쿄대학은 19위)가 있었다. 반면 상하이교통대학의 순위에서는 미국 외의 대학은 영국의 대학 2개교와 일본의 대학 1개교(도쿄대학 19위)밖에 없었다.

그림 6 **주요국의 연구비 추이**(구매력 평가 환산)

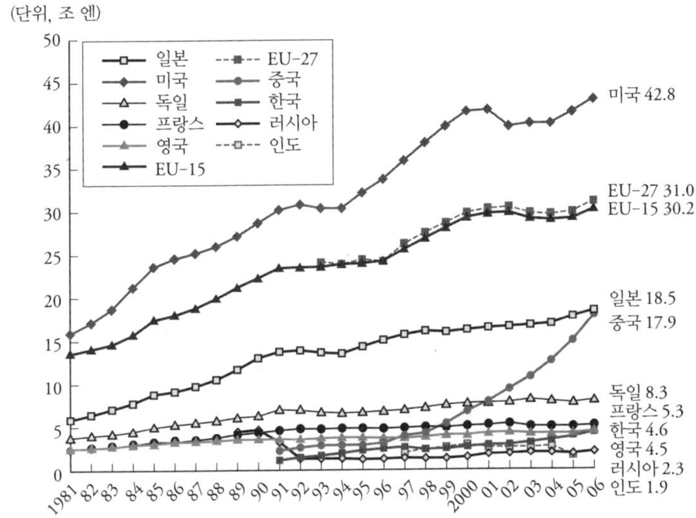

1. 국제 비교에 따라 각국(한국은 제외)의 인문 사회과학을 포함했다.
2. 일본은 1996년도 및 2001년도에 조사대상 산업이 추가되었다.
3. 미국의 2005년도 이후는 잠정치이다. 프랑스의 2006년도는 잠정 수치이다. 독일의 2006년도는 잠정 수치이다. EU는 OECD의 추정 수치이다.
4. 엔화로의 환산은 OECD 구매력 평가를 기준으로 삼았다. 2007년도는 추계치이다. 단, 인도는 OECD 구매력 평가가 존재하지 않기에 세계은행의 구매력 평가를 사용했다.
5. 인도의 1999, 2000, 2004, 2005년도는 인도 정부 발표 수치이다. 또 인도의 2005년의 연구비가 2004년 이전보다 낮게 갑힌 것은 세계은행의 2005년의 구매력 평가 수정(2007년 12월 발표) 때문이다.
6. EU-15(벨기에, 독일, 프랑스, 이탈리아, 룩셈부르크, 네덜란드, 덴마크, 아일랜드, 영국, 그리스, 포르투칼, 스페인, 오스트리아, 핀란드, 스웨덴)
7. EU-27(EU-15개국에 아래의 12개국 추가: 키프로스, 체코, 에스토니아, 헝가리, 라트비아, 리투아니아, 몰타, 폴란드, 슬로바키아, 슬로베니아, 불가리아, 루마니아)

자료 일본 : 총무성 통계국 「과학기술연구조사 보고」
미국, 독일, 프랑스, 영국, 한국, 중국, 러시아: 「OECD Main Science and Technology Indicators」
EU: Eurostat(구주위원회 통계국, 이하 생략) 웹사이트의 데이터베이스, OECD 「Main Science and Technology Indicators」
인도: UNESCO Institute for Statistics S&T database, 세계은행 「World Development Indicators CD-ROM-2007」

출처 2008년 「과학기술백서」(일본)

그림 7 **THE/QS 세계 대학 순위**(2008년도)

순위	나라	대학
1	미국	하버드대학교
2	미국	예일대학교
3	영국	케임브리지대학교
4	영국	옥스퍼드대학교
5	미국	캘리포니아대학교
6	영국	런던임페리얼칼리지
7	영국	런던유니버시티칼리지
8	미국	시카고대학교
9	미국	매사추세츠공과대학
10	미국	컬럼비아대학교
11	미국	펜실베이니아대학교
12	미국	프린스턴대학교
13	미국	듀크대학교
14	미국	존스홉킨스대학교
15	미국	코넬대학교
16	호주	호주국립대학교
17	미국	스탠퍼드대학교
18	미국	미시간대학교
19	일본	도쿄대학교
20	캐나다	맥길대학교

출처 THE(Times Higher Education)

세계 각국이 전 세계적 문제 해결에 지적 노력을 쏟아붓는 것은 확실하다. 그러나 미국에서의 지적 활동이 그중에서 가장 활발하다는 사실은 변함없는 것 같다.

2. 자원의 힘

자원을 사용할 힘이 있느냐? 이는 세계를 지도할 수 있느냐는 물음과 연결된다. 당연한 말이겠지만 이러한 물음은 부시 전 대통령 시대도 똑같이 존재했고 오바마 정권에서도 그렇다.

이 책을 집필하는 시점이 오바마 대통령 취임 직후이기 때문에 미래를 장담할 수 없지만, 취임 후의 짧은 기간과 선거 기간 때의 발언, 선거 전후의 각료 인사와 고관 인사 등 오바마의 행적을 볼 때, 미국 나름의 준비가 돼 있는 것으로 보인다. 그렇다면, 오바마 정권이 이후로도 미국이 지닌 자원을 잘 활용할 수 있는가? 여기서 그 나름의 견해를 피력해 보겠다.

대통령제의 장점

오바마 정권이 세계적인 지도력을 발휘할 수 있는 근거의 첫 번째는 미국의 대통령이 제도적으로 최소한 4년이라는 시간을 보장받을 수 있기 때문이다. 미국에선 일시적으로 형편없는 정책을 취해서 국내에서의 평판이 악화한다든지 아니면 국민의 눈에 사태가 여간해서 개선되지 않는 것처럼 보인다 할지라도 적어도 4년간은 대통령직을 고수할 수 있다. 또 만약에 초기 2년간 실패만 거듭했다 하더라도 3년째부터 좋은 성과를 올린다면 재선 가능성이 있다.

이라크전쟁 초기에 국정 운영의 미숙함을 보였던 부시 정권도 2004년의 선거에서 재선되었다. 이러한 사례는 클린턴 대통령에게서도 찾아볼 수 있다. 지나친 전비 지출로 경제를 악화시킨 아버지 부시의 뒤를 이은 클린턴은 취임 2년 만에 경제를 재건한 업적을 평가받아 재선되었다. 대통령제는 일본의 의원내각제와는 달리 어려운 문제가 있다고 해도 여유를 갖고 해결해나가기가 비교적 쉬운 제도라고 할 수 있다.

오바마 정부와 의회 권력

둘째, 2008년의 대통령 선거와 동시에 이뤄진 의회 선거에서 오바마 대통령의 정당인 민주당이 상 · 하원 모두에서 과반수를 넘겼으므로 대통령이 수행하고자 하는 정책을 의회가 지지해줄 가능성이 크다.

미국의 대통령과 의회는 서로 독립해 있으므로 대통령이 바라는 모든 것이 이뤄지는 것은 아니다. 예를 들면 예산권은 의회가 가지고 있다. 대통령이 '이런 정책을 하겠다'라고 말해도 의회에서 거부하면 어쩔 도리가 없다.

게다가 또 미국의 의회는 일본이나 영국처럼 당의 결속력이 강하지 않기 때문에 여당 의원이라 해도 대통령이 지지하는 법안에 찬성하는 것은 아니다. 그렇다 하더라도 민주당이 다수인 의회가 공화당이 다수인 의회보다 대통령에게 유리한 것은 틀림없다.

오바마의 조절 능력

셋째, 오바마 정권이 세계적인 지도력을 발휘한다면, 그 근거는 오바마의 탁월한 화술 때문이다. 대통령 선출 전후에 있었던 오바마의 발언을 볼 때 오바마는 국민의 기대를 무난하게 잘 조정하고 조절하는 능력이 있는 것으로 보인다.

반대로 말하면 오바마는 지지를 얻고자 무리한 유세를 하지 않았다. 경제가 난국인 상황, 그것도 더 심각한 불황이 닥칠지도 모르는 정세 속에서 그는 자신이 대통령이 되면 금방 경제를 회복시킬 수 있다든가, 실업률을 금방 줄일 수 있다는 등의 실현 불가능한 공약을 꺼내지 않았다. 이것은 나중에 생각해보면 리더로서 또 대통령선거에서 승리하기 위한 전략으로도 상당히 현명한 방법이었다.

자주 거론했듯이 그는 링컨 대통령을 매우 존경하고 있다. 링컨뿐만 아니라 프랭클린과 루스벨트, 해리 트루먼 등 위대하다는 대통령들의 업적과 경험을 이야기한다. 나라가 위기에 빠졌을 때 리더는 무엇을 해야 하는지를 열심히 연구해온 흔적이 보인다.

"오늘 우리가 직면한 시련은 현실이다. 이러한 문제들은 아주 심각하며 여러 방면에 걸쳐 있기 때문에 단시간에 쉽게 해결할 수 있는 것이 아니다. 그러나 미국이여, 우리는 이러한 문제들을 반드시 해결할 수 있다. (…) 지금까지 우리의 여행은 지름길로 왔거나 쉽게 온 것은 아니었다. 비겁한 자도 없었고 일하기보다 노는 것을 좋아하고 부와 명성의 기쁨만을 구하는 겁쟁이들의 길도 아니었다. 오히려 위험에 정면으로 맞서며 행동하는 사람, 창조적인 사람의 길이었다. 우리를 자유와 번영의 길로 이끌어온 사람 중에는 유명한 사람도 있지만, 대부분은 길고 험한 길을 걸어온 이름 없는 남녀들이다. (…) 정부가 할 수 있는 일, 해야만 하는 일이 있지만, 결국 국가가 의지하는 것은 국민의 신념과 결의이다. (…) 그렇다면, 지금 우리에게 필요한 것은 이러한 진리로 돌아가는 것이다. 지금 우리에게 필요한 것은 새로운 책임의 시대이다. 미국인 한 사람 한 사람이 자기 자신과 국가, 세계에 의무를 지고 있다는 것을 인식하고 기꺼이 짊어져야 한다. 어려운 일에 전력을 다하는 것이야말로 우리를 우리답게 하고 우리의 마음을 만족하게 할 수 있기 때문이다.(『일본경제신문』, 2009년 1월 24일, 오바마의 취임 연설 중에서)

2009년 1월 24일 취임연설에서 밝힌 오바마의 발언에는 국민에게 각오를 요구하는 지도자의 모습이 잘 나타나 있다. 무모한 공약이라 할 수 있는 유일한 발언은 선거전 초기에 '이라크에서 1년 반 안에 미군을 철수시키겠다'고 한 발언이다. 나중에 생각해보면 지나치게 구체적인 공약이라 여겨진다.

그러나 다행스럽게도 선거전 후반의 쟁점은 이라크전쟁이 아니었다. '1년 반 안에 철수한다'는 공약은 중요한 쟁점에서 벗어났다. 게다가 위에서 말했던 바와 같이 부시 정권의 후반 2년 동안 이라크 정세가 비교적 호전되었기 때문에 실제로 1년 반이 될지의 사실과 상관없이 상당수의 미군을 퇴각시킬 수 있는 전망이 점점 나타나고 있었다. 이처럼 오바마는 국민의 기대를 잘 조정하면서 '곤란한 상황에서 국민과 함께 고난에 맞서는 위대한 대통령'의 모습을 잘 연출해오고 있다.

오바마의 인재 등용

네 번째, 전문적인 지식을 가진 프로를 각료로 임명해 세계정세에 적절히 대처하게 한 점을 높게 평가할 수 있다. 미국의 정권 교체 시기에는 3천 명에서 5천 명 정도의 정부 고관이 교체되므로 각료 인사만을 보고 정부의 색깔을 바로 판단하기는 어렵다. 하지만, 오바마 정권의 각료 인사를 보면 문제 해결에 적극적으로 나서겠다는 자세가 아주 명확하게 나타나 있다.

2008년 12월 20일자 『요미우리신문』 온라인 판에는 "전 각료가 '오바마 대학', 경험과 전문성을 두루 갖춘 '실무파 포진'"이라는 기사가 실렸다.

> "우리가 조사한 바로는 지명된 15명의 각료 전원이 공직 경험이 있어서 직무 지식과 전문성을 갖추고 있다. 그뿐만 아니라 각료 중 13명은 석사 이상의 학위를 소지하고 있다. 이것이 오바마의 각료 전체가 '오바마 대학'이라고 불리는 이유이다."

관료 개개인을 개별적으로 보아도 전문성이 높은 인물이 많다. 특히 에너지 장관인 스티븐 추Steven Chu는 지구환경문제 연구로 노벨 물리학상을 받은 전문가이다. 환경문제와 기후변화 담당 보좌관인 캐럴 브라우너Carol Browner는 앨 고어 상원의원의 보좌관과 클린턴 정권의 환경보호국 장관을 8년간 역임한 인물이다.

티모시 가이스너Timothy Franz Geithner는 전 뉴욕 연방준비은행 총재를 재무장관에 임명했고, 경제 담당 보좌관엔 로렌스 서머스Lawrence Summers 전 재무장관을 기용했다. 경제, 금융 분야에서도 자타가 공인하는 일류 인재를 각료로 임명했다.

또 힐러리 클린턴이 최적의 국무장관인지를 우려하는 경향은 있으나 그녀를 보좌하는 국무성의 진용을 살펴보면 제임스 스타인버그James B. Steinberg 부장관, 커트 캠벨Kurt M. Campbell 동아시아 태평양 담당 차관보 등으로 역시 일류의 인재들이 포진해 있음을 알 수 있다.

다음은 안전보장과 관련된 인물들을 살펴보겠다. 국방장관은 로버트 게이츠를 유임했고 제임스 존스James Jones 전 NATO 최고사령관을 국가 안전보장 담당 보좌관으로 임명했다. 이스라엘과 팔레스타인 문제는 우수한 중개 공작으로 능력을 인정받은 조지 미첼George John Mitchell 전 상원 의원을 특사로 임명했고 파키스탄과 아프가니스탄 문제는 보스니아 문제를 성공적으로 해결했던 리처드 홀부르크Richard Holbrooke 전 유엔대사에게 맡겼다. 이렇게 볼 때 세계 문제에 이해와 지식이 아주 탁월한 인재들을 각료나 특사로 임명한 셈이다.

유능한 사람들만 모아놓으면 모두 자신이 해결하려고 나서는 바람에 일이 수습되지 않을 위험성도 있다. 하지만, 3장에서 이미 서술했듯이 파워의 근본 기반에서 지식의 중요성이 늘고 있다. 대통령 자신이 경험 부족으로 도움이 필요하다고 느낄 때, 그 분야의 세계 최고 전문가인 각료의 도움을 바로바로 받을 수 있는 것은 역시 미국의 강점이다.

일국주의에서 다자주의로

미국이 지도력을 발휘할 수 있는 다섯 번째 기반은 부시 전 정권의 정책이 좋은 방향으로 변했다는 점이다. 바로 일국주의에서 다자주의로의 변환이다.

서장에서 서술한 바와 같이 부시 정권의 사고방식은 '미국이 압도적인 파워를 가지고 있으므로 무슨 일이 있을 때 세계 문제는 미국 위주로만 생각하면 그만이다'는 것이었다. 이러한 사고방식은 동맹국 간의 불화와 불협화음을 일으켰다.

반면 오바마 정권은 다각주의와 국제 조직을 존중하는 대외정책을 취하고 있다. 단적인 예는 수잔 라이스Susan Elizabeth Rice 전 국무차관보의 유엔대사 임명이 보여주듯, 유엔 대사를 각료급 인사로 격상했다는 점이다. 부시 정권 때 유엔대사는 각료급이 아니었다. 이러한 예에서도 알 수 있듯이 오바마 정권은 유엔을 중시할 가능성이 크다. 또 동맹국과 협력해 다자주의를 행하겠다는 방침을 전체적인 정책 방침으로 제시한 점도 미국의 지도력 발휘에 힘을 실어줄 것이다.

서장에서 보았듯이 부시 정권의 실패로 미국의 세계적인 영향력은 상대적으로 저하되었고, 다극화의 추세가 명백해지고 있다. 그런 와중에 미국은 오바마 정권으로 전환함으로써 미국의 영향력을 증대시킬 기회를 늘린 것이다. 이로써 미국은 세계 무대에서의 재기에 성공했다고 말할 수 있을 것이다.

유럽과의 관계 개선

오바마 정권은 유럽과의 국제 협조라는 면에서도 순조로운 출발을 보이고 있다. 부시 정권 시절 동맹 관계의 분열 조짐까지 보였던 유럽은 이제 오바마 정권의 탄생을 일제히 환영하고 있다. 여론조사에서도 유럽인들의 선호도는 일본 국민을 훨씬 앞지르고 있다.

가장 큰 이유는 오바마 정권의 정책 성향이 유럽의 정책에 가깝기 때문이다. 오바마 정권은 미국과 유럽의 의견이 일치하기 어려운 기후변화 문제에서도 부시 정권보다 훨씬 유연한 자세를 보이고 있다.

수많은 국제 문제에 임하는 교섭 자세 면에서도, 다자 간 교섭을 중시한다는 점에서도 오바마 정권의 성향은 유럽에 가깝다. 예를 들면 이란의 핵개발 문제에서도 오바마 정권은 '이란과 교섭한다'는 기본 자세를 취하고 있다. 이러한 입장은 유럽의 자세와 일맥상통하는 것이다. 유럽과 미국이 함께 건설적인 방향으로 나아간다는 점에서도 오바마 정권에 거는 기대가 높다.

3. 오바마의 함정

보호주의와 배외주의의 위험

이렇듯 오바마 정권은 미국이 가진 자원을 슬기롭게 이용할 뛰어난 능력을 갖추고 있다. 그러나 정말로 그 능력을 살릴 수 있는가는 미지수이다. 실제로 앞에서 서술했던 몇 가지의 장점들을 오바마 정권이 전부 살리지 못하고 좌초할 가능성도 있다.

유리한 조건임에도 경제 불황을 막지 못하면 어떤 일이 발생할까. 실물경제의 불황을 멈추지 못한다면 결과적으로 미국 내의 보호주의와 배외주의를 제어하지 못할 가능성이 있다.

불황이 심각해진다고 대통령이 사임하진 않겠지만, 국내 산업을 보호하자는 세력이 강도 높은 대책을 요구할 가능성이 커진다. 민주당은 전통적으로 노동자를 위한 입법을 추진해왔다. 민주당 내에도 북미자유무역협정NAFTA이나 세계 각 나라와의 자유무역 움직임을 비판해온 세력이 원래부터 존재했다. 만약 불황을 종식하지 못한다면 의회 내의 보호주의 세력과의 합의가 힘들어질 우려가 있다.

또는 중국과 경제 마찰을 격화하는 등 1930년대의 패턴을 미국이 반복한다면 오바마 정권의 미국은 지도력 발휘는커녕 오히려 세계경제 문제를 복잡하게 만들어버릴 가능성이 있다.

윌슨과 고어

의회와의 협조가 원활하지 않으면 대통령과 정권이 '국제 협조와 다각주의로 가자'고 해도 국내에서 이것이 실현되지 않을 가능성이 있다. 이러한 예는 미국 역사상 흔히 있었다. 제1차 세계대전 후 우드로 윌슨 대통령이 미국 주도의 국제연맹을 만들자고 했으나, 정작 이러한 내용이 담긴 베르사유조약을 상원이 비준해주지 않았다. 그 결과 미국은 자신이 만든 국제연맹에 가입도 하지 못했다.

최근에도 고어 전 부통령의 열정적인 노력과 지도력으로 교토의정서가 채택되긴 했지만, 미국은 의회의 거부로 교토의정서의 프레임에 들어가지 못했다. 이후 기후변화 문제를 다룰 때에도 이러한 사태가 발생하지 않는다는 보장은 없다.

교토의정서 이후, 다음 단계의 합의가 2009년에 이뤄지는 것은 무리이고 빨라도 2010년 또는 그 이후에 합의하면 된다는 식으로 여유롭게 생각하고 있다. 민주당이 지금은 다수이지만 2년 동안 불황이 점점 악화해 2010년 중간선거에서 민주당이 패한다면, 민주당 정권에서 만든 틀이 다음 의회에서 동의받지 못하는 일이 일어날 가능성이 있다.

미국은 동원할 수 있는 자원도 압도적인 데다가 수많은 세계적 과제를 다뤄온 풍부한 지식과 경험을 지닌 최고 수준의 인재가 오바마 대통령의 각료로 포진해 있다. 게다가 그 각료들의 성향은 다자 협상에 협조적이다. 그런 유리한 조건에도 불황의 지속으로 미국 의회가 이 정책을 거부한다면 세계적 과제의 해결은 여전히 요원할 것이다.

안전보장과 예기치 못한 위기

지금까지 오바마 정권이 빠질지도 모르는 여러 위험 중에서, 불황의 장기화가 미국의 지도력에 끼칠 영향을 살펴보았다. 여기에 국제정치와 안전보장 면에서의 예기치 못한 위기의 문제도 검토해보겠다.

안전보장 면에서의 가장 큰 위협은 9·11에 필적하는 테러가 재발하는 것이다. 알 카에다의 위협은 여전히 소멸하지 않았다. 미국이 재기하려는 현재 상황에서 알 카에다와 이에 관련한 테러 단체가 '미국의 부활을 두고 볼 수 없다'며 9·11에 필적하는 테러를 미국 국내나 세계 여타 장소에서 시도하리라는 것은 충분히 예상할 수 있다.

그러한 테러가 재발했을 때 오바마 정권은 합리적으로 대처할 수 있을까. 9·11 이후 부시 정권이 취한 대처 중에는 합리적이라고 생각할 수 없는 측면이 있었다. '반드시 탈레반을 무너뜨린다'며 아프가니스탄을 공격하고, '반드시 사담 후세인을 축출한다'며 군사행동을 벌인 조치가 적절했는지의 여부는 단정하기 어렵다.

그러면 오바마 정권은 이러한 테러리즘에 적절하게 대응할 수 있을까. 장기불황으로 국내 사정이 어려운 가운데 테러 공격을 당한다면 과연 그 시점에서 적절한 대응을 할 수 있을지는 미지수이다.

지금까지의 오바마 대통령의 언동을 유추해볼 때 테러 공격을 받자마자 전면적인 군사 조치를 하리라고는 예상하기 어렵다. 하지만, 9·11 때도 그랬듯이 비정상적인 위기 상황에서의 판단은 언제나 곤란한 법이다.

대화 노선만으로 될까?

테러리즘에의 대응에서 또 다른 문제를 검토해보겠다. 앞서 1장에서도 서술했듯이 세계 불황이 지속하면 세계평화를 교란시키는 나라가 나타날지도 모른다. 오바마 정권은 그러한 나라의 행동을 적절히 제어할 수 있을까. 오바마 정권의 기본 노선은 국제 협조의 노선, 대화의 노선이다. 그러나 국제정세가 악화하고 어떤 나라가 문제 행동을 일으켰을 때 정말 대화만으로 문제를 해결할 수 있을지는 미지수이다.

예전 상황에 의지해서 결과를 유추하는 것은 좋지 않지만, 1931년 일본이 만주사변을 일으켰을 때 미국은 이를 승인하지 않는다는 대응밖에 취하지 못했다. 2008년 여름 러시아가 그루지야를 침공해 남오세티아의 독립을 일방적으로 승인했을 때 부시 정권을 비롯한 세계 대부분의 나라가 이를 승인하지 않았다. 일본이 만주사변을 일으켜 만주국을 만들었을 때 대부분의 나라가 만주국을 승인하지 않았던 것과 같다. 남오세티아 공화국과 압하지아 공화국 불승인 정책은 적절한 것이었는지도 모른다. 하지만, 미국의 대응이 불승인만으로 그쳤기 때문에 이것이 일본 군부의 행동을 더욱 조장시킨 면도 없지 않다.

1930년대의 루스벨트 정권은 '고립주의' 정책을 취했다. 유럽의 여러 현상에 '개입하지 않는다'는 자세를 견지했다. '개입하지 않는다'는 자세를 취함으로써 히틀러의 세력 확장을 충분히 저지할 수 없었던 것은 아니었을까.

그런 면에서 1장에서 서술한 것처럼 사태가 더 악화하면 현재 오바마 정권이 취하는 국제협력 정책과 군사력을 전면에 내세우지 않는 정책이 잘 통할 수 있을지는 미지수이다.

대 히틀러 유화정책이 독일을 폭주시켰다는 교훈이 있긴 하지만, 실제 사태가 일어나기 전에 유화정책과 강경책 중 어느 것이 좋을지 판단하는 것은 곤란하다. 히틀러가 아닌 존재에게는 유화정책이 적절할지도 모른다. 유화정책으로는 해결이 어려웠다고 나중에 깨닫게 된 것은 상대가 히틀러였기 때문일 것이다. 히틀러가 아닌 상대에게 유화가 아닌 제재를 가한다면 오히려 불필요한 적을 만들어버릴 가능성이 있다. 이는 판단이 매우 어려운 문제이다.

본 장의 논의를 정리하면 현재의 국제정세에서 오바마 정권은 전반적으로 매우 좋은 위치를 차지하고 있으며 영향력이 커질 가능성도 있다. 역설적이게도 단독주의를 버림으로써 미국은 다시 영향력을 되찾고 세계 무대에서 재기할 수 있게 되었다. 하지만, 오바마의 지도력은 국내의 보호주의, 테러리즘, 국제적 위기와 적절한 대응이라는 세 가지 함정을 함께 가지고 있다.

제5장

성장과 위기, 흔들리는 아시아

1. 냉전 종식 후 20년과 아시아

동아시아의 번영과 인도의 성장

이후 세계에서 미국이 아무리 결정적인 역할을 한다 해도 아시아를 무시하고 세계시스템의 미래를 논하는 것은 불가능하다. 2장에서 검토해본 중국과 인도, 이 두 대국의 성장은 아시아의 변화와 불가분의 관계다. 이 장에서는 지금까지 검토해온 세계시스템 전체를 염두에 두면서 같은 시기의 아시아에서는 어떠한 일이 있었는지를 검토하고자 한다.

먼저 냉전 종식부터 현재에 이르는 이 20년 동안 아시아는 어떻게 변화해왔는지 간략하게 정리해보겠다.

첫째, 아시아 중에서 특히 동아시아 지역은 경제성장을 달성했다. 이 지역은 역사적으로 보아도 희귀할 정도의 번영을 이룩했다. 북한이라는 예외는 있지만, 정치도 전반적으로 안정화한 시기이다.

둘째, 동아시아와 비교해 남아시아와 중앙아시아 지역에 걸친 인도는 현저한 성장을 달성했지만, 그 이외의 지역, 특히 아프가니스탄과 파키스탄 지역은 매우 불안정한 상황이다. 아프가니스탄은 필자가 『새로운 중세』에서 정의했던 '혼돈권', 즉 파탄국가가 되고 말았다.

여기에서는 동아시아의 번영과 전반적인 안정, 그리고 남아시아에서의 인도의 성장과 그 밖의 지역에서의 혼란, 이 두 가지를 차근차근 살펴보겠다.

동아시아의 평화

1989년 냉전 종식 이후 동아시아에 나타났던 가장 큰 특징은 여러 가지 위기가 끊임없이 나타났음에도, 국가 간의 전쟁은 일어나지 않았다는 점이다. 이미 서술했듯이 동아시아 지역에는 1979년 중월전쟁 이후 30년 동안 국가 간 전쟁은 일어나지 않았다. 이것은 동아시아 지역의 역사를 생각해볼 때 아주 획기적인 일이다.

번영했던 청나라의 종말과 함께 동아시아 지역이 근대 세계시스템에 포섭된 이후, 즉 1840년 아편전쟁 이후, 동아시아 지역에서 30년 동안이나 국가 간의 전쟁이 없었던 기간은 거의 존재하지 않았다. 따라서 과거 30년은 근대 이후 동아시아 지역에서는 희귀할 정도로 평화로운 시대였다.

특히 냉전이 종식된 이후에는 1991년 파리 합의로 종결된 캄보디아 내전 이후 대규모의 내전은 동아시아에서 찾아볼 수 없었다. 이러한 전반적인 평화 분위기 속에서 동아시아의 정치적인 관계망도 점점 개선되었다. 냉전이 한창인 시기에 중국과 한국은 국교가 없었다. 중·소 대립이 격해지는 가운데 중월전쟁이 발발해 중국과 베트남의 국교도 단절되었다. 물론 중·소 관계는 비정상적인 상태였다.

시대를 좀 더 거슬러 올라가 보면 중국은 동남아시아와도 그다지 정상적인 국가 관계를 맺고 있지 않았다. 인도네시아에서는 1965년에 일어난 9·30 사건으로 수카르노 정권이 붕괴했다. 인도네시아는 이 사건의 배후에 중국 공산당이 있다고 단정하고 이후 중국과의 국교를 단절했다.

그림 8 **아시아와 그 주변 지역**

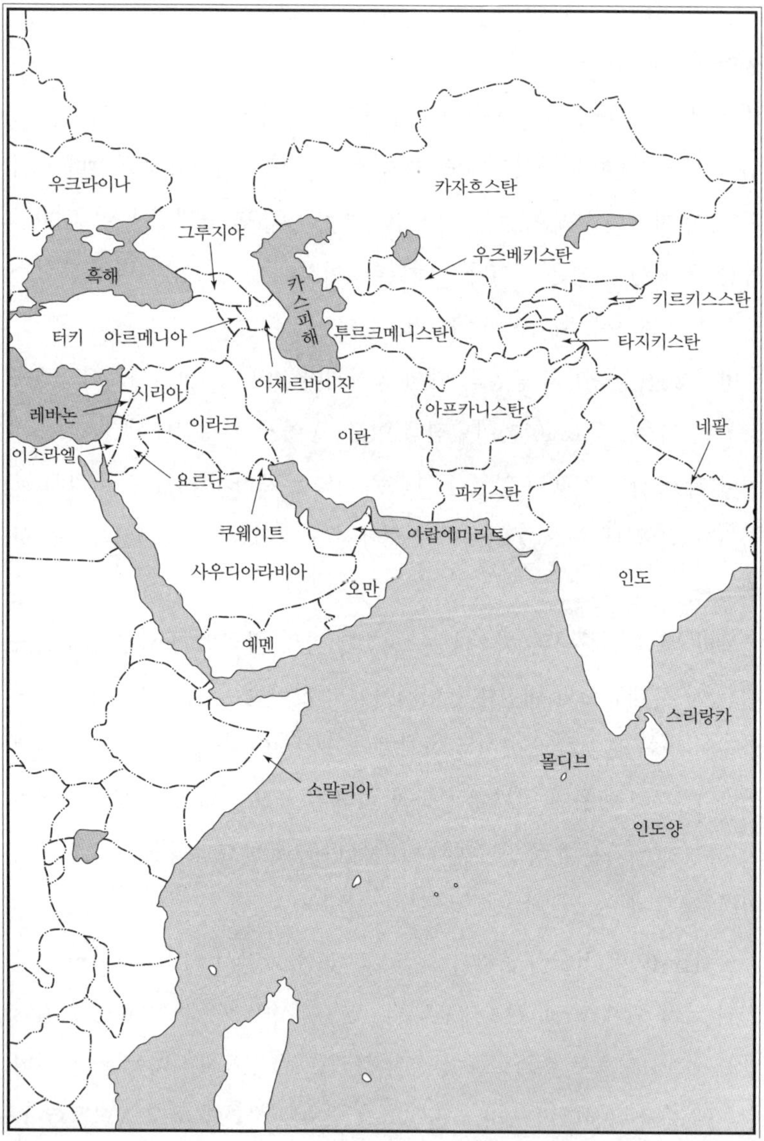

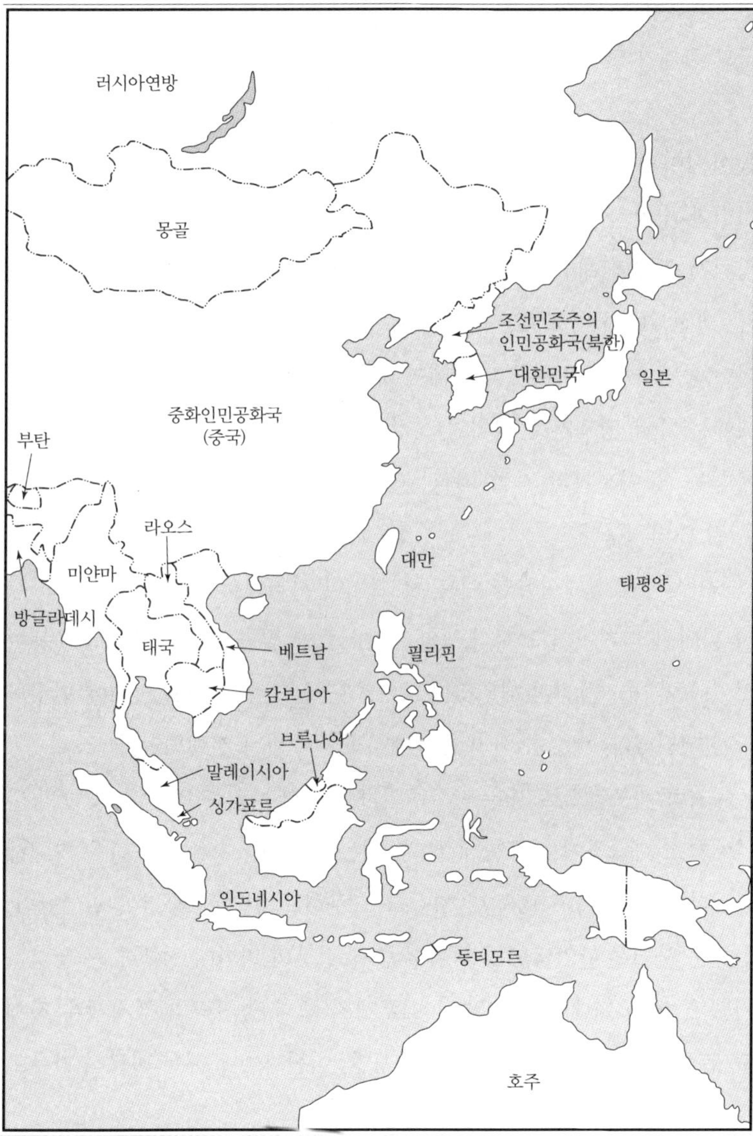
러시아연방
몽골
조선민주주의
인민공화국(북한)
대한민국
일본
중화인민공화국
(중국)
부탄
라오스
미얀마
대만
태평양
방글라데시
태국
베트남
필리핀
캄보디아
브루나이
말레이시아
싱가포르
인도네시아
동티모르
호주

인도네시아가 중국과 국교를 회복한 것은 1990년이 되고 나서이다. 싱가포르와 중국 사이에도 인도네시아가 중국과 국교를 회복할 때까지 국교 관계가 없었다.

동아시아의 기적과 민주화

이러한 정치적 관계는 최근 20년 동안 개선돼왔다. 동아시아의 평화와 정치적 관계의 개선은 거의 동시기에 일어난 경제성장의 원동력이 되었다. 냉전시대에 경제성장이 시작된 한국과 대만, 홍콩, 싱가포르의 뒤를 이어 동남아시아의 태국과 말레이시아가 성장 대열에 합류했다. 1990년대에는 중국 경제가 본격적인 성장궤도로 진입했다. 1990년대 초 세계은행이 「동아시아의 기적」이라는 보고서를 냈다는 사실은 이러한 사정을 잘 대변해준다.

동아시아가 경제성징을 이룬 시기는 이 지역에서 정치적 자유의 공간이 넓어진 시기이기도 하다. 1980년대 중반 필리핀에서 민주화 운동이 일어나 아키노 정권이 세워졌다. 한국에서도 전두환 정권 말기에 민주화가 진행되었다. 비슷한 시기 대만에서도 민주화가 진행되었다.

이처럼 제도적으로 자유 민주주의가 발전한 나라를 비롯해 그 밖의 나라에서도 사람들이 자유롭게 살 수 있는 영역, 즉 자유의 공간을 확대해 나갔다. 중국에서도 1989년 자유를 요구하는 천안문 사건이 일어났다. 천안문 사건은 탄압당했지만 이후 중국 정부의 미디어 정책에 큰 영향을 미쳤다. 1990년대부터 2000년 이후까지 중국 공산당의 정치체제 자체를 부정하는 언행은 허락되지 않았지만, 이전과 비교해서 비교적 자유로운 보도들이 미디어에 등장했다.

이처럼 평화와 경제성장, 민주화가 동아시아에서 일어났다고 하는 점이 과거 20년의 특징이다.

2. 동아시아의 위기

북한의 핵개발

물론 동아시아가 전혀 문제없는 지역이었는가 하면, 그렇지 않다. 이 지역에도 역시 수많은 위기가 있었다.

안전보장 면에서 가장 우려되는 것은 북한의 핵개발 문제이다. 북한은 1985년에 핵확산 방지조약NPT의 가맹국이 되었지만, 그 이후 가맹국에 요구되는 국제원자력기구IAEA의 조사를 받지 않았다.

그 결과 1990년 전후 북한이 몰래 핵무기를 개발하고 있지 않을까 하는 의혹이 짙어졌고 이 의혹을 해명하고자 국제 원자력기구의 조사 압력이 북한에 가해졌다. 마침 그 시기가 냉전 종식 시기와도 맞물려서 북한의 정치적인 고립감은 증대될 수밖에 없었다.

냉전시대에 한국과 대치하고 있었던 북한은 한국과 한국의 동맹국인 미국의 군사력에 대항하고자 소련과 중국이라는 방패에 의지했다. 그러나 소련은 소련이 붕괴하기 직전인 1990년에 한국과 먼저 국교를 정상화했다. 북한이 가장 의지하고 있었던 중국마저 1992년에 한국과 국교 정상화를 해버리자 북한의 교섭 태도는 급속히 완고해졌다.

그런 중에 미국은 북한에 '핵 사찰을 받도록 하라'며 강하게 압박했다. 국제사회에서 압력이 강해지는 가운데 북한은 'NPT 탈퇴' 통고(1992년

3월)와 '보류'(같은 해 6월)를 번복하며 IAEA 조사관을 추방했다.

1994년 봄에는 흑연감속로의 핵 연료봉을 교체할 의사를 밝히고 5월부터 핵 연료봉의 교체를 강행했다. 연료봉을 꺼내 재처리하면 원자폭탄을 만드는 플루토늄을 추출할 수 있다. 북한의 이러한 행동은 원폭 제조의 시작을 알리는 게 아니냐는 우려를 일으켰다.

1994년 봄에는 미국이 북한에 무력행사를 감행할 일촉즉발의 위기상황으로까지 치달았다. 이 위기는 카터 전 대통령이 북한을 방문해 핵 폐기 약속을 받아냄으로써 무사히 넘어갔다.

그 결과 제네바협정이 이뤄졌다. 이 협정에서 북한은 핵 사찰을 수락하는 대신 핵무기 제조가 어려운 경수로를 미국과 한국이 제공한다는 약속을 받아냈다. 그러나 경수로를 건설하는 중에도 북한은 탄도미사일 '대포동'의 실험(1998)을 단행하는 등 주변 나라에 많은 우려를 끼쳐 왔다. 특히 일본은 북한이 일본 본토를 사정거리에 포함하는 미사일을 보유하게 되었다는 사실에 매우 큰 충격을 받았다.

6자회담

2002년 9월 고이즈미 총리가 방북해 김정일 총서기와 일본인 납치 문제의 해결을 시도했다. 그 직후 미국은 북한이 또다시 우라늄 농축 계획으로 핵무기 제작에 착수하고 있을 것 같다는 의혹을 제기했다. 미국과의 교섭이 결렬되면서 북한은 IAEA의 조사관을 추방하는 강경책을 구사했다.

교섭이 교착상태에 빠져 있는 가운데 북한은 핵무기 개발을 착착 진행해나갔다. 이것을 어떻게든 막아보려고 만들어진 구상이 6자회담이다(6개국은 북한, 한국, 미국, 일본, 러시아, 중국). 6자회담이 진전과 정체를 거듭하는 가운데 2006년 10월 북한은 드디어 핵실험을 강행했다.

이후 교섭이 재개돼 '핵 불능화' 합의가 이뤄졌다. 하지만, 그 불능화의 정도를 어디까지 검증할 수 있느냐의 문제를 둘러싸고 논란이 발생해 또다시 교착상태에 이르렀다.

일본의 이웃 나라인 북한에 핵무기가 존재한다는 사실은 심각한 문제다. 그러나 6자회담의 틀이 있고, 일·미 안전보장조약도 있으므로 당장 북한이 다른 나라를 핵무기로 공격하는 상황으로까지는 이르지 않을 것이다. 그렇기에 내일이라도 당장 전쟁이 발발할 상황은 발생하지 않는다고 말할 수 있다.

그러나 안심할 수 있는 상황은 아니다. 북한의 핵 문제는 일본의 가장 큰 안보 위협이라는 사실은 확실히 못 박아 둘 필요가 있다.

대만해협 위기

북한 문제와 마찬가지로 대만해협을 둘러싼 문제(대만과 중국의 문제, 자세한 내용은 후술)도 많은 우려를 불러왔다.

전후의 대만을 통치해 온 장제스蔣介石가 말하는 중화민국은 중국 전토를 지배해야 하는 국가이며, 국민당은 공산당과의 내전 중에 우연히 대만에 정부를 두게 된 것일 뿐이다. 따라서 대만이 중국 일부라는 것은 당연한 전제였다.

그러나 대만에 민주화가 진행돼온 결과, 대만 인구에서 다수를 차지하는 대만 원주민들 사이에서 대만이 중국 일부라는 말에 이의를 제기하기 시작했다. 즉, 대만이 많은 나라와 외교 관계도 없고 국제적으로 고립되게 된 것은 대만이 중화민국이라는 이름으로 중국 전체를 대표한다는 논리에 묶여 있기 때문이라는 것이다.

이들 대만 원주민(인구의 85% 이상)이, '우리는 중국인이라기보다 대만인이다. 그러므로 대만으로 독립하는 것이 국제사회에서 살아가는 데 훨씬 유리하다'는 발상을 가지게 된 것이다.

민주화 시기에 총통이 된 리덩후이李登輝는 대만 원주민으로 분류되는 하카客家 출신이다. 그렇기에 중국은 그를 대만 독립의 움직임을 대표하는 인물로 간주했다. 리덩후이 자신은 매우 신중해 대만 독립이라는 말을 좀처럼 거론하지 않았지만, 그의 지지자 중에는 대만의 최종적인 독립을 바라는 사람들이 많았다. 중국은 이러한 위험성을 간과하지 않고 대만의 독립을 어떻게든 저지해야 한다고 생각하게 되었다.

중국에서 보면 대만은 1840년 이후 중국이 경험했던 굴욕의 근대사를 상징하는 곳이다. 특히 1997년에 홍콩이 중국에 반환됨에 따라 제국주의 시대에 떨어져 나갔던 중국 영토가 하나하나 돌아오는 가운데 대만은 여전히 중국과 재통일되지 않고 있다. 즉, 중국에서 보면 제국주의 전쟁인 청일전쟁에서 패배해 일본에 할양당한 대만이 그대로 남아있는 셈이다. 이것은 근대 제국주의로 분난 당힌 중국을 상징하는 것이다.

따라서 양안 문제는 두 개 정통성의 싸움이라는 측면이 강하다. 대만의 원주민에게는 압도적인 다수를 지배하는 자신들의 의지로 자신들의 운명을 결정하고 싶다는 어떤 종류의 민족자결, 나아가 민주주의라는 정통성을 상징하고 있다. 반면 중국은 내셔널리즘의 정통성이라는 면에서 보면 대만의 분리를 절대 용서할 수 없다. 민주주의의 정통성과 내셔널리즘의 정통성이 부딪치는 것이 양안 문제이다.

미중전쟁?

1996년 리덩후이가 선출된 총통 선거 직전 중국은 대만 독립을 지지하는 후보의 당선을 막고자, 또는 그러한 사태를 경고하고자 대만해협에서 군사 훈련과 미사일 발사 훈련을 단행했다. 이 위협은 사실 그다지 효과적이지 못했고 중국과의 통일과 '하나의 중국' 노선이 옳다고 생각하는 대만인을 오히려 궁지에 몰아넣으면서 리덩후이 세력을 강화시키는 결과를 낳았다.

이후 2000년과 2004년 총통 선거가 있을 때마다 대만해협 위기가 재연되었다. 물론 이 위기가 전쟁으로 이어질 가능성은 그다지 크지 않지만, 이 위기가 심각한 것은 세계 최강국인 미국과 중국의 충돌로 번질지 모르는 위험성 때문이다. 중국의 인민해방군은 매년 대만해협을 향해 탄도미사일과 고성능 전투기를 전면 배치해 그러한 우려를 더욱 강하게 만들었다.

지금까지는 아무 일 없었지만 한번 터지면 미중전쟁이 될 가능성이 있는 대만해협 문제는 아시아 최대의 리스크이다.

물론 북한에서도 군사 충돌이 일어날 우려는 있다. 그러나 북한과 문제가 있다 해도 냉전시대가 아닌 현 상황에서 미중전쟁이 일어날 가능성은 거의 없다. 그에 비해 대만문제는 미중전쟁으로 이어질 가능성이 있다는 의미에서 상당히 심각하다.

대만해협의 최근 정세

그러나 최근 대만해협 사태가 많이 좋아졌다. 이유는 중국과 대만 양측에 있다. 먼저 중국 지도자의 사고방식이 변했다는 점이다. 장쩌민 시대만 해도 중국은 대만 관계를 언제까지나 기다릴 수 있는 문제가 아니라 빨리 끝내야만 하는 문제라고 생각했다. 그래서 대만의 독립은 절대 허락할 수 없는 문제일뿐더러 사태를 개선하지 않고 언제까지나 무한정 기다리는 것도 문제라고 여겼다. 따라서 장쩌민 정부는 조속한 해결을 바랐다.

언제까지 기다릴 수 없다는 것을 다른 말로 하면 어느 시점까지 통일한다고 말하지 않으면 무력행사를 하겠다는 뜻이 되고 만다. 이런 점에서 대단히 위험한 이야기다.

그러나 중국의 국가 주석이 장쩌민에서 후진타오로 바뀌자 중국 정부의 발언에 변화가 일어났다. 대만이 독립하는 것은 절대로 용서할 수 없지만, 중국은 평화적인 해결을 바라고 있다, 평화적인 해결이라면 중국이 기한을 정하지는 않겠다고 말한 것이다. 즉 '기다린다 해도 상관 없다'는 의미이다.

어쩌면 중국은 국제 환경이 중국에 유리하므로 기다리면 기다릴수록 중국에 더 유리할 것이라고 전략적으로 생각한 듯하다.

한편, 2000년에 당선된 대만 민주진보당의 천수이볜은 양안 문제 이외의 국정과 대외 관계에서 국민이 만족할 만한 충분한 성과를 낼 수 없었다. 경제 정책 실패에다 내정에서의 추문, 부인의 정치 관여와 그를 둘러싼 부정부패 가능성이 드러나 지지율이 급속히 저하하는 사태를 맞이했다.

천수이볜은 지지율 하락에 대처하고자 중국과의 관계에서 더 고립 지향적인 정책을 구사했다. 예를 들면 '유엔에 대만 이름으로 복귀하겠다'는 주민투표안을 내놓기도 했다. 이러한 주장은 미국과 일본의 이해를 얻지 못했을 뿐만 아니라 우호국 내에서의 고립을 불러왔다. 이 때문에 대만 사람들은 민주진보당보다 중국국민당을 더 지지하게 되었다. 그 결과 민주진보당은 2008년 1월의 입법원(국회) 선거에서 중국국민당에게 크게 패배했다. 그 직후 행해진 총통 선거에서는 중국국민당 후보인 마잉주가 당선되었다.

마잉주는 독립이라는 말은 일절 하지 않는다. 중화민국이라는 이름을 유지하며 대륙과의 관계 개선을 자신의 노선으로 지향하고 있다.

대륙의 후진타오가 '곧 결정짓겠다'라고 말하지 않는데다, 대만 쪽에서도 중국과의 긴장을 높이지 않겠다는 정권이 탄생했기 때문에 국면은 일단 진정되었다. 이에 따라 대만해협을 사이에 둔 중국과 대만의 교류도 진전되고 있다.

금융위기와 인도네시아의 민주화

그 외에도 여러 가지 정치적 위기는 있지만, 최근 아시아에서 가장 큰 위기는 사실 정치면이 아니라 경제면에서 발생했다.

1997년 아시아의 금융위기 자체는 같은 해 태국 통화 '바트'의 폭락으로 시작되었다. 그러나 그 배경에는 거액의 단기자금 유입으로 지탱되는 동아시아 나라들의 경제성장 구조가 자리 잡고 있었다.

이러한 상황에서 동아시아 경제의 미래에 우려가 일자, 단기자금을 회수하는 형식으로 방아쇠가 당겨졌고 태국에서 시작된 동아시아의 금융위기는 순식간에 한국을 비롯한 동남아시아로 번져나갔다.

미국은 아시아의 금융위기를 '아시아 특유의 부패한 자본주의'라며 문화적으로 분석했다. 이후의 IT 거품 붕괴에서 현재의 세계 금융위기에 이르는 일련의 사태를 보면, 아시아 금융위기는 지금 세계금융위기의 예행연습이라 생각해도 좋을 것이다.

애초 IMF가 실시했던 초긴축 재정이라는 처방이 위기의 본질에서 벗어난 것은 틀림없는 사실이다. 그러나 무엇보다 중요한 것은 아시아 금융위기 결과 인도네시아에서는 수하르토 정권이 붕괴하고 민주화가 진행되었다. 이것은 금융위기의 긍정적인 결과였을지도 모르겠다.

3. 남아시아-인도의 부활과 아프가니스탄, 파키스탄

냉전의 최전선이었던 아프가니스탄

동아시아에서 남아시아로 시선을 돌려보면 사태는 그다지 낙관적이지 않다.

먼저 아프가니스탄을 살펴보자. 냉전 중인 1979년 소련군이 아프가니스탄을 침공한 이후 아프가니스탄은 냉전의 최전선이 되었다. 미국은 소련군을 아프가니스탄에서 쫓아내고자 반소 세력을 지원했다. 지원품은 파키스탄을 거쳐 아프가니스탄의 반소 세력에 보내졌다. 당시 미국은 반소를 부르짖던 이슬람 세력에게도 무기와 탄약 등을 지급했다.

냉전이 종식된 1989년 경쟁국인 소련이 아프가니스탄에서 철수하자 미국의 관심도 사라졌고 국제사회도 아프가니스탄에서 어떤 일이 벌어지는지 관심을 두지 않았다. 소련이 사라지자 아프가니스탄이라는 나라도 국제사회의 쟁점에서 사라졌다. 따라서 아프가니스탄을 미국이 지원할 필요성도 사라져버렸다.

그 결과 아프가니스탄은 지역 군벌들이 대립과 항쟁을 반복하는 내전터로 전락하고 말았다. 냉전 종식의 결과 냉전의 전장은 혼돈권으로 방치된 것이다.

이 내전 상태에서 특히 파키스탄에서 교육받은 이슬람 신학생들을 중심으로 한 사람들이 아프가니스탄에서 자신들의 세력을 확장해나갔다. 이 사람들을 탈레반이라고 한다. 탈레반은 1995년경부터 세력을 확장하기 시작해 1990년대 말경에는 군벌 세력을 북부로 몰아내고 아프가니스탄 대부분 지역을 지배하게 된다.

국가로서의 아프가니스탄은 상당히 취약하다. 이러한 상태에서도 이슬람 세력들은 자신들의 지배영역을 확대해나갔다. 바로 그 영역에 오사마 빈라덴을 중심으로 하는 알 카에다가 근거지를 만들어나갔던 것이 1990년대의 아프가니스탄 동향이다.

혼돈의 아시아

아프가니스탄 국경을 따라 흩어져 있는 파키스탄의 산악 지역은 영국 식민지 시대부터 여간해서는 중앙 권력의 손길이 닿지 않는 지역이었다. 파키스탄은 1990년대 후반, 인도와의 관계가 악화하던 중에 핵실험을 단행했다. 그 이후 군사 쿠데타가 일어나서 무샤라프 정권이 세워졌다. 무샤라프 군사정권이 파키스탄을 안정시킬 것이라는 기대와는 달리 2007년 11월에 비상사태 선언이 내려지는 등 상황이 나빠졌고 무샤라프 정권은 2008년 8월에 붕괴하고 말았다. 파키스탄은 무샤라프 정권의 붕괴 이후에도 여전히 혼란을 거듭하고 있다.

남아시아와 동남아시아의 경계에 있는 나라 미얀마는 이웃 나라 태국과 비교해보아도 경제적으로 아주 낙후된 지역이다. 1980년대 말에 민주화의 움직임이 일어나 선거를 치러 아웅산 수치가 압승했으나, 선거 결과를 뒤엎고 권력을 찬탈한 군부가 계속 지배하는 상태다. 그 때문에 외국으로부터의 원조와 무역도 원활하지 않아 경제 악화가 지속되고 있다.

인도양에 떠 있는 섬나라 스리랑카에서도 타미르 반군과 싱하라인과의 내전 상황이 1980년대 이후 계속되고 있다.

인도의 번영

그런 중에서도 남아시아 제일의 대국인 인도는 과거 20년 동안 극적인 변화를 이룩해왔다. 인도는 냉전 중에 미국 편도 소련 편도 아닌 중립 정책을 취해왔다.

경제 정책은 자유주의적이라기보다 관료 규제가 비교적 강한 사회주의적 성향의 국가였다. 그 때문에 낙후된 경제 문제에는 그다지 신경 쓰지 않는 정권이 계속 이어져왔다. 그러나 현재 수상인 만모한 싱Manmohan Singh이 중앙은행 총재이던 1990년대 초에 자유화 노선을 취한 이후 세계경제 속에서 서서히 힘을 길러왔다. 1990년대에 좀처럼 나타나지 않던 자유화 노선의 성과들은 2000년 이후 조금씩 나타나기 시작해 인도의 경제성장을 추진하는 원동력이 되고 있다.

경제성장률도 상당히 높아져서 2004년 이후 실질 GDP 성장률이 매년 10% 가까이 계속되는 고도성장을 이룩했다. 각 지역 간의 무역액도 매년 20~30%씩 증가하는 대단한 기세이다.

산업 발달도 두드러진다. 인도의 IT 관련 기술자는 세계 각지로 진출해 전 세계 IT 기업에서 중추적인 역할을 담당하고 있다. 예를 들면 인도 남부의 도시 방갈로르에는 산업기지가 건설돼 전 세계에 IT 서비스를 판매하고 있다.

이렇게 아시아 전체의 상황은 동아시아와 인도의 번영과 남아시아와 중앙아시아 기타 국가들의 정체와 혼돈으로 정리할 수 있다. 그리고 지금까지 동아시아와 남아시아는 그다지 접촉이 없던 별개 지역이었지만 인도의 극적인 경제성장이 이들 지역의 연결을 촉진하고 있다.

아시아의 틀–동아시아 서미트

최근 동아시아는 번영과 아시아 금융위기라는 공통의 과제를 경험했다. 그 결과 이전 20년 동안 보이지 않았던 지역 조직 형성의 움직임이 나타나고 있다.

그동안 아시아 지역에는 ASEAN(동남아시아 국가연합)을 제외하면 유럽의 EU 같은 국제적인 지역 조직은 거의 존재하지 않았으나 1990년대부터 21세기 초에 걸쳐서 몇 가지 중요한 조직이 생겨났다.

1989년에 APEC(아시아태평양 경제협력회의)가 결성되었고 1994년에는 ASEAN 지역 포럼이 생겼고, 1997년에는 ASEAN+3이 생겼다. ASEAN과 일본, 중국, 한국의 정상회담인 ASEAN+3을 중심으로 동아시아의 협력이 진행돼 2005년부터 동아시아 서미트가 개최되었다.

이 동아시아 서미트의 회원국에는 ASEAN+3에, 오스트레일리아와 뉴질랜드, 인도가 들어 있다. 동아시아 서미트라고 하면서 오스트레일리아, 뉴질랜드가 들어 있는 것은 지리적으로 이상하지 않은가 하고 반문하는 사람도 있을지 모르나, 지리적으로 생각하면 인도도 모양새가 이상하다.

그러나 동아시아 서미트에 인도가 포함된다는 것은 남아시아에서 인도만이 번영하고 나머지는 혼돈 상황이라는 사실을 상징하는 면이 있다. 즉 아시아 여러 국가 중에서 번영과 안정을 주도하는 세력들이 동아시아 서미트에 가입해 있다고 생각하면 될 것 같다.

물론 예외도 있다. ASEAN의 회원국인 미얀마는 번영을 대표하는 나라라고는 말하기 어렵다. 이러한 예외를 제외하면 동아시아 서미트는 아시아 국가 중 번영과 성장을 이룩한 세력들을 묶어놓은 형태라고 말할 수 있다.

4. 위기 이후의 아시아

세계 금융위기와 아시아

아시아에서의 과제와 전망은 1장에서 살펴본 금융위기와 이것이 불러온 세계 불황이 아시아, 특히 성장을 이룩한 지역에 어떤 영향을 끼치는가 하는 것이다. 지금까지의 성장 궤적을 보면 장기적으로는 낙관할 수 있지만, 정말로 백 퍼센트 낙관할 수 있는가는 대답하기 어렵다.

이것은 1장에서도 논의했듯이, 결국 중국과 인도가 취약하다는 것이다. 금융위기의 직후인 지금 단계에서는 그렇게 큰 문제는 일어나지 않았을지도 모르겠다. 그러나 실물경제에 커다란 영향이 나타난다든가 수출이 곤두박질을 쳐 국내 경제성장에 악영향을 주면 아시아 국가들은 어떻게 될까.

이 지역에서 민주주의가 존재했던 역사는 비교적 짧다. 한국과 대만, 필리핀, 태국, 인도네시아 모두 민주주의가 정착된 이후의 경험이 적다. 이런 나라들에 장기 불황이 일어났을 때, 어떠한 문제가 일어날까를 예측하는 것은 여간 어려운 것이 아니다. 현재 경제 상태가 나빠졌다고 해서 한국이나 대만의 민주주의체제가 붕괴할 징후는 없다. 그 나라 나름대로의 민주주의 방식이 뿌리내렸기 때문이다.

그러나 태국이 현재 겪는 정치적 혼란을 보면 급속한 경제발전은 경제

구조를 일그러뜨려서 안정적인 민주통치를 어렵게 한다는 것이 분명해 보인다.

단순하게 말하면 1980년대 이후 공업화가 추진된 결과 방콕 주변의 소득 수준은 향상했지만, 지방은 성장에서 낙오하는 불균형 구조가 심해지고 있다. 도시와 농촌의 격차는 아시아의 다른 지역에서도 나타나는 현상이다. 실업가 출신의 정치가 탁신은 이른바 지방에 '돈 뿌리기' 방식의 농촌진흥 정책으로 이 문제를 해결하고자 했다.

방콕 중심의 엘리트층과 구 지배층, 또는 부패 척결을 목표로 하는 민주파 세력들은 다나카 가쿠에이[20]식의 대중선동적인 통치방식에 불만을 품고 행동에 나섰지만, 인구가 많은 농촌 지역에서 많은 지지를 받는 탁신 정권을 쓰러뜨릴 수는 없었다. 그렇게 되자 이들 반 탁신 세력은 국왕과 군부의 힘을 빌려 탁신 정권을 붕괴시켰다.

그러나 그 쿠데타 후에 치른 선거에서 탁신 세력이 또 승리했다. 방콕 중심의 엘리트층과 사업가들은 선거 결과에 강하게 반발했다. 합법적인 방법뿐만 아니라 공항을 점거하는 등의 비합법적인 방법까지 동원해 탁신 반대 운동을 전개해나갔다. 보통평등선거를 치르면 탁신이 또 이길 것이 분명하므로 선거제도를 엘리트주의로 바꿔버리는 등 비민주주의적

---

20 다나카 가쿠에이(田中角榮, 1918~1993). 전 일본 총리로 니가타 현의 시골마을에서 태어나 초등학교 학력으로 총리까지 오른 인물. 젊은 시절 건설업자로 성공해 1947년 중의원에 당선되어 정계에 발을 디뎠다. 특유의 결단력과 추진력으로 우정상, 대장상, 통산상을 거치며 마침내 총리에까지 올랐다. 하지만 '금권정치의 대부'라 불릴 정도였고 결국 록히드 비자금 사건으로 일본 역사에서 현직 총리로는 처음 구속되었다. 2년여간 총리로 있을 때 건설업자들과 유착, 일본 열도를 토목사업으로 뒤덮었다. 고속철 신칸센 개설과 공항, 도로 등 대규모 사업으로 정부와 지자체를 재정 적자에 허덕이게 했다.(역주)

인 방법까지 동원했다.

말하자면 태국은 경제구조와 정치구조의 불균형으로 '민주파'가 비민주주의적 방법을 동원해 정치 불안을 불러일으키는 악순환에 빠져 있다.

태국만큼 불안정하지는 않지만, 대만의 정국도 불안하다. 민주진보당은 중국국민당에 패배한 이후 노선을 제대로 잡지 못한 채 표류하고 있고 심지어는 대중운동으로 반대를 표명하는 경향까지 보이고 있지만, 대만의 이러한 상황이 정권의 위기로 이어지는 일은 없을 것이다. 하지만, 불황이 계속되었을 때 정치체제가 제대로 잘 기능을 할 수 있을 것인가. 특히 민주주의에서 이탈하지 않고 정치를 운용해나갈 수 있을 것인가는 향후의 과제가 될 것이다.

이처럼 여러 나라의 민주주의 체제가 여전히 취약하다는 것이 아시아의 특징이다. 그러나 아시아 전체 또는 세계시스템의 영향이라는 점에서 보면 결정적으로 중요한 것은 중국의 미래이다.

중국이 안정적으로 성장해 국제질서에 도전하는 현상 타파 세력이 되지 않고 국제사회와 협조해 위기를 극복하고 다시 번영의 궤도에 오르는 것이 가능한지, 장기적인 관점에서 안정된 국제 협조로 번영하는 중국을 연착륙시켜가는 것이 가능한지가 아시아의 최대 과제라고 할 수 있다.

이 때문에 이 장의 과제와 1장의 과제는 완전히 같은 것이 될 수밖에 없다. 중국이 협조적으로 될지는 세계 전체의 면에서도 매우 중요하지만, 아시아라는 관점에서 보면 더욱더 중요하다.

일본 대외정책의 최대 과제는 중국의 연착륙

이러한 정세 인식에서 일본 대외정책의 가장 큰 목표를 꼽으라면 아마 중국의 연착륙일 것이다. 이후 10년, 20년, 30년 동안 어떻게 하면 중국을 안정적이고 국제 협조적이며 번영한 나라로서 연착륙시킬 수 있을 것인가. 이것이 일본의 대외정책의 최대 목표라고 생각된다.

물론 중국이 그러한 방향으로 갈지 안 갈지를 결정하는 것은 중국인 자신이며 일본이나 일본인이 할 수 있는 일에는 한계가 있다. 그러나 중국이 연착륙하지 못했을 때 일본이나 세계가 입을 피해는 상상을 뛰어넘는 것이 될 것이다. 어떻게 해서든 안정되고 국제 협조적이며 번영된 중국으로 연착륙시키는 것이 필요하다.

2장의 앵거스 메디슨의 추계에서 본 것처럼 중국 경제는 빠른 속도로 부활하고 있다. 중국은 GDP 점유율이 인구 점유율에 비례해 세계 최대의 경제력을 보유한 나라가 될 것이다. 이런 중국을 제지하려는 것은 아주 비생산적인 생각이다.

만약 일본이 중국의 경제성장을 제어하려 한다면, 일본의 경제성장도 함께 후퇴해버릴 우려가 있다. 중국의 경제성장을 제어하는 것은 중국을 더욱 불안정한 나라로 내몰 위험이 있다. 따라서 중국 봉쇄나 중국의 성장을 방해하는 것을 목표로 해서는 안 된다.

그렇다면, 중국을 안정시켜서 국제 협조적이며 번영한 국가로 연착륙시키려면 무엇이 필요할까.

첫째는, 세계정치나 경제를 운영하는 수많은 국제기구에 중국의 참가를 요청하고 유력한 나라로서 책임 있는 역할을 담당하도록 하는 것이다.

중국은 유엔안보리의 상임이사국이나 세계경제의 중요한 국제조직에서 그다지 중요한 역할을 맡고 있지 않다. 먼저 서술했듯이 2008년의 홋카이도 도야코 서미트에서는 G8에 신흥 5개국(중국, 인도, 브라질, 멕시코, 남아프리카)의 정상을 더한 확대회의를 개최했고, 주요 배출국 회의에서는 인도네시아, 한국, 오스트레일리아의 정상이 더해졌다.

그리고 전술한 바와 같이 2008년 10월에는 금융위기 대책을 논의하고자 G20의 정상회담이 워싱턴에서 개최되었다. G20은 주요 배출국 회의에 아르헨티나와 사우디아라비아, 터키, EU 대표를 더한 회의이다. 말하자면 G8을 중심점으로 동심원 형태로 세계경제의 운영 틀이 형성된 것이다.

이러한 틀 속에서 중국도 적극적인 역할을 해나가야 한다. G8이 기본적으로 민주주의 국가의 그룹이라고 하면 경제 면에서의 실질적인 토의는 G8+신흥 5개국이라는 틀이나 G20으로 진행되는 추세가 될 것이다.

동아시아에 한정해 본다면 중국은 ASEAN+3과 동아시아 정상회의의 유력한 회원이므로 일본은 중국과 협조하면서 동아시아의 지역 협력을 진행하는 자세를 취할 필요가 있다.

또 지금까지 ASEAN+3 정상회담 때에 특별히 개최된 일·중·한 정상회담은 2008년 12월 후쿠오카 회의에서부터 독립적으로 개최되었다. 이것은 획기적인 일이다. 이후의 동아시아 지역 협력이나 세계경제의 운영에서 일·중·한 정상회담의 성과를 살리는 방향으로 중국을 포함한 다각적 협력 망을 만들어갈 필요가 있다.

둘째, 중국이 국제적 틀 안에서 행동하기 위해서라도 미·중 관계가 좋아지는 것을 환영해야 한다. 이미 말했던 바와 같이 대만해협의 문제가 최악에는 미중전쟁으로 비화할 가능성을 안고 있다. 현재 사태가 개선되고 있으므로 그러한 가능성은 거의 없지만 미·중 관계의 불안정화는 최악의 사태로 이어질 수도 있다.

따라서 특히 9·11 이후 미·중 관계가 협조적으로 추진되고 있는 것은 환영할 만한 일이다. 북한을 둘러싼 6자회담은 그야말로 미·중 협조의 상징적 틀이라고 해도 좋다.

그런데 대불황이 지속한다면 미·중 관계가 쉽지 않을지도 모른다. 미국에서 보호주의 경향이 강해지면 미·중 무역마찰이 격화될 것이고 이것이 중국의 배타적 내셔널리즘을 자극할 가능성도 있다. 현재의 오바마 정권은 중국과의 협조를 중시하고 있으므로 일본은 미국의 유력한 동맹국으로서 일·미 공동으로 중국과의 관계를 협조적으로 이끌고자 노력해야만 한다.

그를 위한 틀로 일·미·중 3개국의 협력을 여러 분야에서 이끌어낼 필요가 있다. 일·미·중의 환경 장관과 에너지 장관 레벨의 회합을 만들어 지구온난화 문제 등을 구체적으로 논의한다든지 또 안전보장 면에서 일·미·중 3개국 차관급의 전략 대화를 추진해나가는 것도 유익할 것이다.

이러한 회의들은 일·미·중의 정상이 긴요한 과제로 구체적인 합의에 도달하는 것만을 목표로 하는 것은 아니다. 일·미·중 정상회의의 가장 큰 기능은 중국 국민에게 중국이 미국이나 일본과 협조하고 있다는 것을 명시하는 것이다. 그렇게 함으로써 중국이 현상 타파 측에 서지 않고 미국, 일본과 함께 현존하는 국제질서를 유지하는 책임 국가라는 점을 인식하게 되는 것이다.

셋째, 일·미·중의 관계를 촉진함과 동시에 일·중 간의 협력 관계를 추진해 가능한 한 양호 관계로 나아가는 것이다.

일본의 대중국 정부개발원조는 2008년에 종료되었지만, 중국과의 사이에 수많은 협력 관계를 구축하는 것은 일본에도 장점이 많다. 당장은 지적 재산의 보호 등 법제 면에서의 협력이 필요하고 중기적으로는 자유무역협정FTA 체결 준비를 시작해야 할 것이다. 기후변화 문제에서도 에너지 절약, 환경 관련 기술 이전 협력 등을 촉진할 필요가 있다.

깊은 관여

일·중 협력 관계 구축에서 특히 주의해야 할 점은 중국의 내셔널리즘을 자극하지 않는 것이다. 이미 서술했던 대로 세계가 불황인 현재 상황에서 우려해야 할 것은 중국 등의 나라에서 배타적이며 건전하지 못한 내셔널리즘이 불타오르는 것이다. 내가 제시한 개념으로 말하자면 '근대권'에서는 내셔널리즘이 고양되면 폭주할 위험성이 있다. 이러한 내셔널리즘에 불을 붙이는 사태를 막을 필요가 있다. 일·중 양국에서 마찰이 일어나기 쉬운 문제는 역사 인식 문제와 자원개발 문제이다.

역사 인식 문제는 아베 정권 이후 진정 국면으로 향하고 있다. 이러한 경향을 지속해야 한다. 역사학자 사이의 조용한 대화나 논쟁이 계속되는 것은 오히려 바람직하지만, 정치 논쟁으로 끌어오는 것은 피해야만 한다.

특히 중일전쟁에서 태평양전쟁까지의 역사에서 사실 오인이나 논리 모순을 품는 논의를 시작하는 것은 일·중 관계를 악화시킬 뿐 아니라 대미 관계까지 긴장시킬 가능성이 있다. 이것은 또 중국의 내셔널리즘을 자극할 뿐만 아니라 일본의 국제적 입장까지 악화시키는 것이다.

동중국해의 가스 공동개발 같은 문제도 잘못 처리하면 중국의 내셔널리즘을 자극할 수 있다. 2008년 6월 양국 간 공동개발의 원칙적인 합의가 성립했다. 지금까지 중국은 일본에 양보하는 자세를 견지했다. 이러한 합의가 이뤄지자 중국 국내에서는 '매국'이라는 비판이 들끓었고 그 후 구체적인 조약 체결 교섭은 거의 진전되지 않았다.

이 가스전의 매장량은 그리 많지 않은 것으로 알려졌다. 그렇기에 이 문제는 상징적인 의미가 더 강하다. 원칙적인 합의가 있으므로 그 이후의 구체화는 지나치게 서두를 필요는 없다.

중국의 내셔널리즘을 자극하지 않으면서도 일·중 관계를 적극적으로 촉진하려면 지금까지 이상의 '깊은 관여'가 필요하다. '깊은 관여'라는 것은 사람과 사람 레벨에서의 일본과 중국의 관계 촉진이다.

이미 일본에는 약 10만 명의 중국인 유학생이 있지만 좀 더 많은 중국인 학생을 받아들여야 한다. 동시에 일본 학생의 중국 유학도 늘려야 한다. 또 고등학생 레벨에서의 교류도 늘릴 필요가 있다.

젊은이뿐만 아니라 고령의 중국인도 일본 여행의 기회를 줄 수 있도록 조치해야 한다. 현재 중국인 고등학생의 수학여행비자는 면제되고 있다. 나는 60세 이상의 사람들에게도 비자를 면제해주는 것이 좋다고 생각한다. 중일전쟁으로 고생한 세대 중에서는 아직 건강할 때 일본에 와보고 싶어 하는 사람이 많다. 이런 사람들에게는 될 수 있는 한 쉽고 쾌적하게 여행을 즐길 수 있도록 도와주는 것이 필요하다.

또 양국의 지적 교류를 촉진하는 의미에서 대학이나 연구기관의 교원, 연구자 등의 비자 취득 절차를 더욱 간소화해야 한다고 생각한다.

중국을 국제 협조국이며 번영한 대국으로 연착륙시키기 위한 네 번째 방침은 이 지역의 국제정치를 안정화하는 것이다. 이는 일·미 안전보장체제를 유효하게 유지해나감으로써 얻을 수 있다. 일·미 안전보장체제의 유지가 필요한 이유는 첫째, 1장에서 살펴보았던 것처럼 중국의 행동에는 반드시 국제 협조적이라고 생각할 수 없는 행동이 때때로 존재하기 때문이다.

최고 지도자의 의도를 반영한 행동이건 인민해방군 단독의 행동이건 간에 중국이 일본이나 미국이 볼 때 불건전한 행동을 취했을 때 여기에 반대할 수 있는 능력은 항상 갖추고 있어야 한다.

이것은 중국을 봉쇄한다는 의미가 아니다. 중국이 국제 협조 행동에서 이탈할 조짐이 보이는 순간, 적시에 경보를 울릴 장치로써 일·미 안전보장체제가 존재한다고 보면 좋을 것이다. 또 중국 국내에서 국제 협조 노선을 지지하는 사람의 처지에서 보면 이와 같은 일·미 안전보장체제는 유익한 국제적 틀이다.

일·미 안전보장체제 유지가 필요한 두 번째 이유는 국제관계의 예측 가능성을 높일 수 있다는 점이다. '일본과 미국은 많은 분야에서 협조적으로 행동하고 있다. 일본과 미국과 협조하는 것이 중국에도 이득이다'라는 생각을 들게 하는 조치가 일·미 안전보장체제이다.

일본과 미국이 서로 대립하는 상황이라면 중국이 '미국과 협조할지 아니면 일본과 협조할지'를 판단하기 어려울 것이다 또 '미국과 일본 사이를 잘 이간시키면 중국이 이득을 볼 수 있지 않을까' 하는 생각을 할 수도 있다.

일·미의 협조가 원활하지 않으면 중국을 국제 협조적인 세력으로 만들기 어렵다. 이러한 목적을 달성하려면 중요한 기둥인 일·미 동맹을 안정적으로 유지해나가는 것이 필요하다.

앞 장에서 분석한 오바마 정권의 성격을 고려하면 이러한 일·미 협조는 쉽게 이뤄질 것이다. 오바마 정권의 특징은 단독주의라기보다는 국제 협력주의, 특히 동맹국과의 관계를 중시하고 동맹국과 협조하면서 사태를 개선해나가려는 점에 있다. 중국 문제에서 미국과 일본의 협조와 동맹은 지금의 오바마 정권도 받아들이기 쉬울 것이다.

북한 문제와 일·미 안보

이후의 일본 대외 정책 중 안전보장 문제에서 빠트릴 수 없는 것이 북한 문제이다. 이미 서술했듯이 북한은 2007년 합의한 핵 불능화 정책 시행에 소극적 태도를 보이고 있다. 이렇게 된 배경에는 부시 정권과 합의하는 것보다는 오바마 정권과 합의하는 것이 낫다고 판단해 시간을 지연시켰다는 북한의 의도가 있었을지도 모른다.

그러나 오바마 정권이 부시 정권보다 더 쉽게 북한과 타협할 것이라고는 생각되지 않는다. 다만, 오바마 대통령이 북한 문제를 군사력으로 해결하려고 하지 않을 것이라는 것은 거의 확실하다. 그렇게 되면 북한 문제는 훨씬 장기적으로 이어질 가능성이 있다.

핵의 불능화가 여간해서는 실현되지 않는다는 의미는 지금까지의 핵 개발에서 얻은 플루토늄이 계속 북한에 존재한다는 뜻이 된다. 어느 정도의 규모인지는 차치하고서라도 핵실험에 성공했기 때문에 북한은 조만간 핵무기를 보유한 국가가 될 것이다. 북한은 핵탄두의 운반 수단인 탄도 미사일도 보유하고 있으므로 일본에 큰 위협이라고 말하지 않을 수 없다.

일본은 북한의 미사일과 원자폭탄 보유를 전제로 한, 안전보장 정책을 오랜 기간 지속해야 한다.

북한의 핵무기 보유를 전제로 한 일본의 안전보장 정책은 구체적으로 어떤 것일까. 최대의 과제는 어떻게 해서든 북한이 이것을 사용하지 못하게 하는 것이다. 그 한 가지 방법은 탄도미사일 방위를 정비해 핵 공격을 해도 소용없다고 생각하게 하는 것이다.

그런데 탄도미사일을 백발백중으로 방어할 수 있을지는 장담할 수 없다. 그렇기에 억지라는 발상을 조합해야 한다. 즉 일본을 핵 공격하면 동맹국인 미국이 확실히 보복 공격을 할 것이라는 구조이다. 통상 '핵우산' 또는 '확대 억지'라고 부르는 방식의 억지이다. 물론 억지에 필요한 군사력은 핵에만 한정되지 않는다. 나는 통상적인 무기의 억제 능력 향상이 매우 중요하다고 생각한다.

오바마 시기에도 일본은 미국의 억지력에 상당히 의존해야 한다. 억지 정책이 성공하려면 북한이 일본을 공격하면 미국이 북한을 공격한다는 억지의 신빙성이 북한의 눈에 확실히 보여야만 한다. 즉 '일·미동맹의 상호신뢰가 상당히 높다'는 것을 북한이 알게 해야 한다.

북한 문제와 관련해서 앞으로 핵심 사안으로 떠오를 문제는 집단 자위권의 행사 문제이다. 집단 자위권의 헌법 해석에 따르면 일본 이외의 장소를 향한 탄도미사일을 일본의 시스템으로 쏘아 떨어뜨리는 것은 불가능하다.

현재의 이지스 시스템으로는 미국으로 향하는 미사일을 요격할 능력이 없기에 그다지 문제가 되지 않지만 몇 년 후에는 일본으로 조준된 것이 아닌 것도 요격할 수 있는 능력을 갖추게 된다.

미국의 정보 네트워크를 사용해 미국으로 향한 미사일을 요격할 능력이 있음에도 일본이 그렇게 하지 않는다면 어떻게 될까. 아니면 처음부터 요격할 수 없다고 말해 버리면 어떻게 될까. 그것도 기술상 떨어뜨릴 수 없는 것이 아니라 법률상 요격할 수 없다고 하면 어떻게 될까.

이 문제는 본서의 주제가 아니므로 깊이 다루지는 않겠다. 일본의 내각 법제국은 유엔헌장에도 명문화돼 있고 온 세상 모든 나라가 행사할 수 있다고 생각하는 집단적 자위권의 행사를 헌법상의 제약으로 불가능하다고 해석하고 있다. 헌법 제9조의 어디를 보아도 자위권이 없다거나 집단적 자위권을 행사할 수 없다고는 씌어 있지 않다.

국제법적으로 말해도 탄도미사일 방위 등의 사례는 집단적 자위권의 틀에서 생각하는 것이 가장 합리적이다. 정부는 가능한 한 빨리 집단적 자위권의 행사가 가능하다는 해석 변경을 해야 할 것이다. (헌법 해석 등에 대해서는 필자가 일원으로 참가했던 「안전보장의 법적 기반 재구축에 관한 간담회」 보고서에 철저하게 검토돼 있으므로 관심 있는 독자는 그쪽을 참조하기 바란다.)

終

새로운 지도력

새로운 세계시스템과 대국의 역할

본서를 마무리하는 본 장에서는 위기 이후의 21세기에 일본이 수행할 역할은 어떤 것이고 그 역할을 유효하게 수행하려면 무엇을 중시해야 하는가 생각해보겠다.

지금까지 검토해본 바와 같이 앞으로 20~30년은 몹시 어려운 국면이 전개될 것이다. 단기적으로 보면 불황이 계속되면서 각국 간에 제로-섬의 인식이 강해질 가능성도 있다. 세계경제 전체의 파이가 적어지면 일부 국가들에서 그다지 건전하다고 할 수 없는 사회운동이 발생할 가능성이 있다. 1930년대의 사례에서 보면 그럴 가능성이 충분하다.

그러나 장기적인 추세로 보면 위기 이후의 세계시스템은 과거 2세기에 발생했던 현상과 같이 격차가 확대되는 과정이라기보다는 중국과 인도처럼 잊혔다 여겨졌던 대국이 부활하는 프로세스가 될 것이다.

그런 의미에서 중국과 인도처럼 다시 부활한 나라들이 국제 협조적인 역할을 적극적으로 수행할 수 있다면 현재의 금융위기와 불황을 극복하고 전체적으로 공평해지는, 바람직한 세계가 될 가능성도 있다.

그 새로운 세계에서의 국제정치를 생각해보면 미국의 능력이 여전히 탁월하다. 따라서 미국이 여러 가지 국면에서 지도력을 행사해나갈 것이라는 것은 충분히 예측 가능하다.

또 중국 내에는 여러 가지 문제가 산적해 있는 데다 중국 자체가 문제를 일으킬 가능성도 있다. 하지만, 앞으로 세계적인 과제를 해결하려면 무엇보다 중국과의 협력이 절실하다. 5장에서도 보았듯이 중국이 안정적으로 국제 협조적으로 번영해나가는 것은 일본뿐만 아니라 아시아 지역의 안정에도 아주 중요하다.

일본의 적극적 관여

이러한 가운데에서 일본이 해야 할 역할은 어떤 것일까. 또 일본은 어떤 것을 할 수 있을까. 이러한 역할 수행이나 세계적인 지도력 발휘는 일본 국내를 어떻게 변화시켜나가야 할까라는 질문과 맞물려 있다.

통상적으로 '역할'이라 하면 수동적으로 누군가가 결정해준 것을 실행한다는 느낌이 든다. 하지만, 국제사회 속에서의 '역할'은 스스로 규정해야 하는 것으로 현실에서 어느 정도 결정되는 것이다. 따라서 일본은 스스로 무엇이 가능할지 일본은 무엇을 하는 것이 일본의 장래에 도움이 될지를 깊이 고려해 국제사회에서 스스로 역할을 규정해나갈 필요가 있다.

본인의 졸저『아시아 속의 일본』에서도 거론했던 '아시아 지표 조사'라는 아시아 전역에서 펼친 공통 여론조사가 있다. 이 조사에서 '일본이 당신의 나라에 좋은 영향을 준다고 생각합니까, 나쁜 영향을 준다고 생각합니까'라는 질문에 아시아 국가의 대부분이 '일본은 좋은 영향을 주고 있다'고 답했다.

이처럼 일본에 대한 높은 평가는 일본과 일본인이 국제적인 활동을 할 때 아주 든든한 기반이 된다. 즉 일본이 '이렇게 하면 어떨까'라며 제안할 때 '일본이 제안했기 때문에 좋다'라고 답할 확률이 높아질 것이다. 3장에서 말했듯이 일본이 한 진술의 진실성은 일반적으로 높다고 평가되고 있으며 약속에 대한 신뢰성도 높다고 생각된다.

두 번째 지금의 미국 정부가 오바마 정권이라는 상황은 일본이 국제적인 역할을 행사하는 데 있어 다시없는 기회이다. 왜냐하면, 오바마 정권은 국제 협조와 다각적 협력 또는 동맹국 중시를 주장한다는 사실 때문

그림 9 **아시아 국가와 일본의 영향**(2003-2006 아시아 지표 조사)

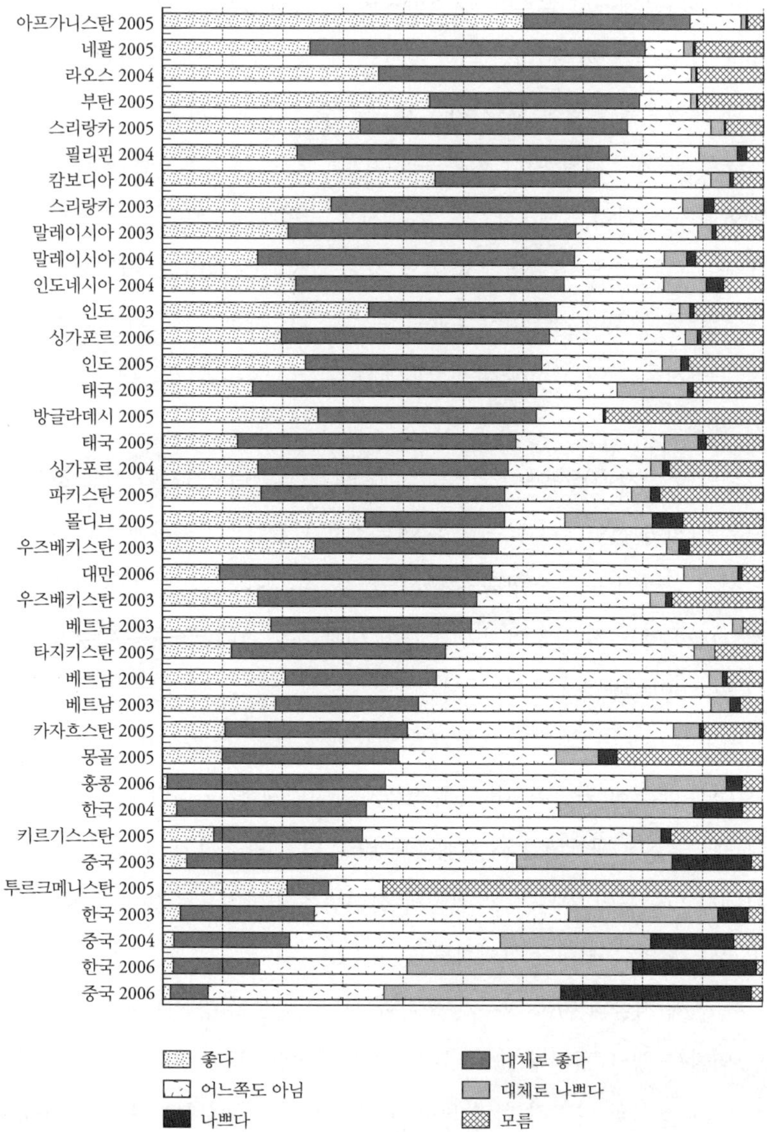

이다. 결국, 일본 같은 나라와 함께 세계적인 문제를 해결해나가겠다는 것을 뜻한다.

전체적인 지향성을 보면 지금의 미국과 일본은 국제 협력적인 제안을 다양하게 추진해나갈 것으로 생각된다.

그리고 오바마 정권과 일본 정부는 지구적 과제 인식을 공유하고 있다. 예를 들어 일본이 지금까지 중요하다고 주장해왔던 기후변화 문제에 오바마 정권의 인식도 일본과 유사하다.

또 일본이 지금까지 중시해왔던 아프리카 개발과 '인간 안보Human Security'라는 개념도 예전의 공화당 정권과 비교하면 오바마 정권이 더 적극적일 가능성이 크다. 아프리카 개발과 '인간 안보'는 힐러리 클린턴 국무장관에게도 아주 중요한 주제라고 한다. 이처럼 미국과의 협력이 가능한 주제는 아주 많다.

과학 선진국 일본

일반적으로 볼 때 일본의 국력을 구성하는 요소 중에 가장 중요한 요소는 과학 기술력이다. 일본은 기후변화와 관련한 과학기술뿐만 아니라 에너지 기술과 제조업 전반의 기술에서도 세계적인 수준을 자랑하고 있다. 이러한 과학기술력을 살리는 형태의 국제적 발언은 앞으로 국제사회에서 영향력을 행사한다는 면에서도 아주 중요하다.

3장에서 서술했듯이 보상(사탕)과 협박(채찍)으로 사물을 변화시킬 수 있고, 사람을 움직이지 않고도 지식으로 사물을 변화시킬 수 있는 능력이 점점 중요해졌기 때문이다.

예를 들면 환경 분야에서 일본의 기술력은 세계를 이끌고 있다. 일본과 미국, 유럽에 등록된 환경 분야의 특허 건수를 보면 2004년 이래 일본은 미국과 유럽을 뛰어넘어 세계 1위를 기록하고 있다.[21] 2009년 1월에 일본이 쏘아 올린 온난화 가스 관측 위성 '이부키'는 세계 5만 6천여 지역의 대기에 있는 이산화탄소의 농도를 조사할 수 있다. 지금까지 기후변화 연구는 육지에서 관측된 이산화탄소의 농도를 근거로 해 지구 전체를 추측했지만, 해상의 이산화탄소 농도는 알지 못했다. 하지만, 지금은 '이부키'의 관측 결과에 따라 육상과 해상 모두를 아우르는 지구 상의 거의 모든 지역의 이산화탄소 농도를 알 수 있게 되었다.

일본의 기술로 기후변화의 관측을 보다 정밀하게 할 수 있게 되었고 그 자료에 근거해 보다 현실성 있는 논의를 국제적인 장에서 행할 수 있게 된 것이다.

앞에서도 언급했듯이 기후변화 문제는 국제 과학자 모임인 IPCC가 제출한 시나리오에 따라 정책 방향이 결정된다. 일본의 과학기술력은 국제 정책의 기초가 되는 지식을 담당해나가는 중이다.

이것은 도쿄대학의 고미야마 히로시小宮山宏 총장이 주장하는 '과제 선진국'이라는 말과 상통한다.[22] 나의 개념으로 보면 산업혁명 이후 전파된 여러 기술이 사회를 변화시켜 '새로운 중세'로 돼간다는 식의 흐름이지만, 중국과 인도 등 '근대권'에 있는 여러 나라는 이제야 그 흐름에 뛰어든 셈이다. 그중에서도 일본은 21세기형 최첨단 사회를 겪고 있다. 결국, 가장 먼저 어려운 문제에 직면하는 사회가 되는 것이다. 여기에서 먼저 일본이 겪는 사회문제의 현황을 간략하게 살펴보겠다.

21 『日本經濟新聞』, 2009년 1월 1일

22 小宮山宏, 『課題先進國日本』, 中央公論新社

가장 먼저 거론할 수 있는 것은 공해와 환경파괴를 일찍 경험한 것이, 오늘날 일본의 환경기술을 만들어냈다는 점이다. 그리고 현재 시점에서 가장 중요한 문제는 고미야마 히로시가 말한 저출산 고령화이다.

저출산 고령화를 경험한 나라는 상당히 많다. 중국도 현재 저출산 고령화가 급속히 진행되고 있고 머지않아 인도에서도 발생할 것이다. 그렇게 되면 지금까지의 발상으로 만들어진 사회는 원활하게 돌아가지 않을 가능성이 있다. '가족이라는 것은 무엇일까?' 하는 근본적인 물음에서부터 노인과 사회가 서로 어떻게 조화를 이뤄갈 수 있을지에도 답하기 어렵다.

일본은 지금 이 분야에서 시행착오를 겪으며 여러 문제를 경험하고 있기에 이러한 시행착오 자체가 인류에 유용한 지식이 될 수 있다. 그것을 유효하게 정리해 과제를 해결하는 선택지를 생각하고, 어떤 실패가 있었는지를 정리해가는 그 자체가 힘 있는 자원이 된다. 이것이 고미야마의 주장이다.

일본의 과제

이러한 면에서 경제력과 군사력이라는 하드파워에서는 일본의 지위가 상대적으로 열세라도 세계적인 역할 수행의 지적 기반은 탄탄하다고 할 수 있다. 그러나 그러한 자원이 있다는 사실에 안도하며 지금까지의 방식이 괜찮았으니 앞으로도 괜찮을 것이라고 여긴다면 큰 착각이다. 냉전 종식 후의 20년만 보아도 일본이 갖춘 능력을 효과적으로 충분히 살려가지 못했던 측면이 많다.

3장의 분석대로, 현대 세계시스템에서 힘을 행사하려면 진술의 진실성과 약속의 신뢰성, 표출의 공감을 늘리는 것이 필요하다. 진술의 진실성은 세계의 지식공동체 속에서 일본과 일본인이 행한 진술이 그럴 듯하다고 받아들여지는 정도를 말한다. 이미 서술했듯이 일본이 가진 과학기술력은 상당히 높다. 따라서 일본 정부 대표가 지역적인 여러 문제에 관해 언급했던 발언은 일본의 영향력 행사에 아주 유용하게 쓰일 것이다.

그러나 문제는 일본 내부에 존재하는 막대한 지식이 유효하게 활용되고 있지 못하다는 사실이다. 기술력이 있다 해도 정부 관계 기관과 민간 기업, 대학 등 그 외의 곳에 흩어져 존재하고 있는 과학기술력을 식별하는 기준도 없고 누구에게 제시하면 가장 효과적일지 판단할 구조도 거의 없다.

2008년 내각의 종합과학기술회의가 '과학기술 외교의 강화를 향해'라는 보고서를 작성했다. 이 보고서가 획기적이었던 것은 지금까지 '과학기술 외교'라는 용어가 일본 정부에 존재하지 않았기 때문이다. 과학기술은 주로 문부과학성의 소관이었다. 따라서 문부과학성의 행정 소관이라고 생각돼왔다. 지금이야말로 국제적인 활동이 필요한 시점이지만, 이것과 일본의 외교를 결부시켜 생각한다는 발상이 없었다. 대학의 연구자도 지금에서야 겨우 국제적으로 경쟁하며 연구를 추진하고 있다. 각각의 연구자가 국제적인 네트워크를 가지고 있기 때문에 외국의 관계 분야 사람들은 일본 과학기술의 우수성을 잘 알고 있다. 그러나 일본에서는 관계자 이외의 다른 사람은 아무도 모르는 경우가 종종 있다.

앞에 서술했듯이 현재 우리가 직면한 지구적인 과제 대부분은 과학기술을 사용하지 않으면 해결할 수 없는 것들이다.

그런데 과학자와 엔지니어는 외교를 알지 못하고 외교관과 정치가는 과학기술을 모르는 상황이 계속되고 있다.

일본의 의사 결정 시스템에서 가장 시급한 문제는 일본의 과학기술력을 통합해 바라보는 인식구조를 만드는 것이다. 먼저 각 부서의 배타적 조직주의를 배제하고 대학과 민간 연구기관 등의 연구 활동을 정확하게 파악하는 것이 중요하다. 또 현재의 외교 과제에 어떤 과학기술을 사용할 수 있을지를 정확히 판단해 국제적 교섭의 장에 제시할 수 있도록 해야 한다. 그런 의미에서 내각의 종합과학기술회의가 해야 할 역할은 크다. 종합과학기술회의와 외교, 안전보장의 정책 결정 메커니즘은 더욱 긴밀하게 융합돼야 한다.

말할 것도 없이 진술의 진실성, 즉 지식의 정확함은 현실과의 조합으로 행해지지만, 국제 교섭과 세계적인 설득의 장은 하나하나 실험해서 판단하는 곳이 아니다. 현실의 진실성은 학회와 전문가 단체, 국제조직, 미디어 등의 평가로 '그럴듯하다'고 판단되는 것이다. 학문 영역과 문제 영역의 지식 중 어떤 분야에서는 세계적인 전문가 집단이 형성된 곳도 있다. 각각의 영역에는 마피아처럼 항상 만나서 논의하는 사람들이 존재하고 있는 것이다.

국제정치학에서는 이것을 지식공동체epistemic communities(또는 인식공동체)라고 부른다. 그리고 지식의 '그럴듯함'은 지식공동체의 승인으로 생겨나는 경우가 많다. 일본의 문제는 이러한 지식공동체에 소속된 사람들이 상대적으로 적은 데다 지식공동체의 사람들이 직접 일본의 정책 결정에 관계하는 경우는 거의 없다는 점이다.

즉, 관료와 정치가를 불문하고 국제 교섭에 나가는 일본의 정부 담당자의 대다수는 지식공동체의 구성원이 아니다. 따라서 발언의 진실성이 그 자리에서 확립되기가 어렵다. 이에 비해 미국 등지의 나라는 지식공동체에 소속된 유력 구성원을 갑자기 교섭자로 임명하는 경우가 많다. 일본에서도 과학과 외교의 전문적인 소양을 두루 갖춘 인재를 육성해서 직접 교섭 현장에 내보내야 한다.

지식으로 정치를 움직인다고 할 때, 지식은 자연과학과 공학 분야의 지식에 한정되는 것은 아니다. 사회과학적인 지식과 인문과학적인 지식이 필요한 때도 아주 많다. 금융위기의 대응과 보호무역주의의 저지, 테러 대책, 파탄국 원조 같은 분야에 필요한 지식도 중요하다. 이러한 분야에서 일본의 관료조직이 보유하고 있는 지식의 질은 그다지 낮지 않다. 그러나 세계를 대상으로 이러한 지식을 이용하고 설득하는 능력에는 한계가 있다. 이런 점에서도 지식공동체에 지속적으로 참가하고 있는 인재가 부족한 것이 현실이다.

일본의 관료기구는 2~3년마다 담당이 교체되는 경향이 강해서 지식공동체에 자신을 소개하기도 전에 후임자를 맞이하는 경우가 많다.

각 부서의 국장급 인사의 임명 시기도 생각해볼 필요가 있다. 세계적인 국제조직의 핵심 인사들은 각국의 요직을 거친 40대 후반에서 50대 정도의 인재들이 많다. 일본은 각 부서의 국장급도 50대 후반이 돼서야 겨우 다다를 수 있기 때문에 국제조직에서 근무하는 연령은 60대를 훌쩍 넘는다. 인재를 늘리고 인사시스템을 재정비해 현재보다도 젊을 때 국장을 경험한 후 50대 초반 무렵부터는 국제조직의 주요한 지위를 점할 수 있도록 조직 문화를 개선해야 한다.

일본에는 리더가 필요하다

파워에는 진술의 진실성을 뒷받침할 수 있는 그 무엇, 즉 약속의 신뢰성을 높이는 것이 필요하다. 일반적으로 보아 일본은 약속한 것은 반드시 실현한다고 평가받고 있기에 일본이 무언가를 말했을 때 이것을 의심하는 사람들은 적다. 그러나 총리의 빈번한 교체는 약속의 신뢰성을 낮추고 있다.

여기서는 기후변화 문제를 사례로 들어보겠다. 아베 신조安倍晋三 총리는 2050년까지 온난화 가스 50% 삭감을 목표로 하는 '쿨 어스Cool Earth 50' 계획을 발표했다. '쿨 어스 50'의 취지는 아주 좋았지만, 이를 제안한 아베 총리는 1년 만에 사임하고 말았다.

그 뒤를 이은 후쿠다 야스오福田康夫 총리도 2008년 1월에 다보스 회의에서 '저탄소 혁명'을 주장했다. 후쿠다 수상은 2008년 여름 홋카이도 도야코 서미트를 목표로 '기후변화 문제에 일본은 노력하고 있다'는 메시지를 전하는 등 필사적으로 노력해왔지만 1년도 안 돼 사임하고 말았다.

아소 다로 총리도 2009년 1월 다보스 회의에서 기후변화 문제의 일본 측 공약을 확인했을 뿐 아니라 현재의 금융위기 극복에 1조 5천억 엔의 자금을 아시아에 제공하겠다고 약속했다. 구체적인 정책에 근거한 이 연설 자체는 다보스 회의에서 각국 정상의 연설 중에서도 좋은 평가를 받았다. 그러나 지금처럼 잦은 정권 교체가 계속되면 이 수상이 언제까지 할 수 있을지에 대한 의문이 생길 수밖에 없고 신뢰성도 그만큼 떨어진다.

게다가 신속한 결단이 중요할 때도 있다. 물론 성급한 결단으로 불이익을 당할 때도 있지만 '데이트 게임' 같은 구조의 문제일 때는 먼저 결단하는 쪽이 유리하다. 이러한 상황에서는 어떤 형태의 게임이 돼갈지 빨리 분석해 신속한 결단을 내리는 것이 아주 중요하다.

이러한 면면에서 일본의 현재 체제는 문제가 많다. 지구적인 과제 대부분은 각 정부 부서의 영역에 두루 존재하고 있다. 게임의 구조 분석에서부터 좀처럼 합의가 형성되지 않고 또 어떤 해결책이 일본에 유리할지를 둘러싸고 부서 간의 의견이 대립할 때도 있다. 그 결과 분석과 결단이 모두 지체될 가능성이 생긴다.

따라서 약속의 신뢰성 향상뿐만 아니라 적확한 분석에 근거한 신속한 결단을 위해서도 안정된 정권, 총리의 강력한 지도력이 필요하다.

공감에 근거한 외교

일반적으로 평범한 가정의 부모는 자녀를 위해 열심히 일하고, 자녀는 부모가 싫어하는 행동을 하지 않고 반듯하게 자라려고 노력할 것이다. 국제정치에서 이러한 파워가 작용하는 경우는 그다지 많지 않을 것이다. 일본인이 기뻐하기 때문에 중국이 동중국해의 가스 유전 개발을 양보한다는 일은 상상할 수 없다. 고이즈미 준이치로 총리는 중국인이 싫어하기 때문에 야스쿠니신사 참배를 그만두었다. 즉, 공감에 기초한 파워라는 것은 국제정치에서 진귀한 현상이라 해도 좋다.

그러나 현대 국제정치에서 이러한 측면을 무시하는 것은 문제가 있다. 첫째, 공감에 근거한 네거티브 파워라고 부를 수 있는 현상이 확실히 존재하기 때문이다. 즉 '일본인이 싫으니까 ××를 하겠다' 처럼 이쪽을 화나게 하려고 일부러 이쪽이 싫어하는 일을 일으킬 가능성이 있는 것이다. 2005년 봄 중국은 일본인을 화나게 하고자 일본의 유엔안보리 상임이사국 진입 반대 캠페인을 벌였다. 반일폭동이 진행됨에 따라 반일 감정은 점점 강해졌고 일본인의 반감을 부르는 반일 행동도 취하게 된 것이다. 결국, 현대 국제정치에서 공감을 증가시키기가 곤란하다면 반감을 줄이려는 노력이라도 하는 것이 중요하다.

게다가 일본인과 협력할 수 있으면 좋겠다는 인식이 그다지 존재하지 않는다는 점이다. 이미 소개한 '아시아 지표 조사'에서 각국 국민에게 이러한 느낌이 잠재적으로 존재한다는 사실을 살펴본 바 있다. 나이 교수가 소프트파워의 매력을 중시한 것은 파워의 이러한 측면을 중시했기 때문이다. 이러한 측면에서 보면 일본의 애니메이션과 만화, 게임의 세계적인 확산은 일본과 일본인과의 공감을 강하게 할 가능성을 지니고 있다.

그러나 당면 과제로 반감에 근거한 네거티브 파워의 발생을 막는 것이 긴급하다. 아시아 지표 조사의 중요한 시사점은 다른 많은 나라에 비해 한국과 중국의 평가가 현저히 낮다는 점이다. 이미 서술했던 사례에서도 밝혀졌듯이 반감에 근거한 네거티브 파워는 중국과 한국에서 빈번히 나타날 가능성이 가장 크다. 중국에 '깊은 관여'를 할 필요성은 이러한 관점에서 출발한다. 중국과 마찬가지로 한국인의 '공감'을 조금이라도 증대시키려는 대책, 즉 유학과 관광을 비롯한 여러 가지 인적 교류를 촉진해나가야 한다.

위기 이후의 세계와 일본

세계가 현재 위기에서 벗어나기는 쉽지 않을지 모른다. 그러나 본서 전체에서 서술했듯이 1930년대에서 1940년대에 발생한 것 같은 파국을 방지하는 것은 가능하다. 그 후 위기 이후의 세계에서는 중국과 인도 같은 나라들의 영향력이 점점 증대할 것이다. 이런 와중에 일본은 어떻게 될 것인가. 위기 이후 시대의 파워와 지도력은 물리행위의 실행 능력에 의존하기보다는 지식에 의존하는 방향으로 옮아가고 있다. 그렇게 생각하면 일본이 영향력을 행사하거나 지도력을 보여주는 것은 앞으로 충분히 가능하다. 일본에는 지식을 향상시킴으로써 진술의 설득력을 증대시켜나갈 잠재력이 있다.

그러나 현재 상태로의 일본으로는 그 여건이 점점 어려워질 것이다. 제2차 세계대전 이후 굳어진 부처 중심의 종적인 행정 시스템은 일본의 입지를 점점 약화시키고 있다. 일본이 보유한 자원 전부를 충분히 이용하려면 보다 슬림하면서도 통일적인 신속한 의사 결정 구조가 필요하다.

형식이 중요한 것은 아니다. 내각에 사령탑 기능을 만들려고 조직을 만들면 대개 형태만 가진 사령탑이 되고 만다. 실질적으로 중요한 대신이 빈번하게 회합하고 분야를 막론하고 정확한 정보에 근거해 논의하여 일본식의 정책을 완성해야 한다. 그 전제로서 가능한 한 빨리 안정적인 정치구조를 만들어내야 한다. 안정적인 여당과 총리의 지도력이 충분히 발휘될 수 있는 상태로 이행할 필요가 있다.

인구에서나 경제에서 상대적인 규모가 축소돼가는 지금, 일본과 일본인의 행복을 유지해나가려면 가진 자원을 모두 사용해 소극적인 요소를 감소시켜야 한다. 이러한 상황에서 가장 긴급한 과제는 주변 국가의 공감은 확대시키고 반감은 축소해나가는 것이다.

역자 후기

이 책은 2008년 가을 발생한 리만 쇼크로 상징되는 미국발 세계 금융위기 이후 세계정치의 동향을 거시적인 역사의 흐름 속에서 검토하고 이 위기 상황을 돌파하려면 어떤 지혜가 필요한지를 국제정치학의 시각에서 논하고 있다.

이 책의 저자인 다나카 교수는 기본적으로 2008년 세계 금융위기를 1929년 세계 대공황과 비견할 만한 사건으로 파악한다. 그는 1930년대 이후 대파국으로 치달은 과거 역사의 실패를 답습하지 않으려면, 국제적인 차원의 협력 체제를 구축하고 주요 국가가 위기관리 노력에 나서야 한다고 역설한다.

금융위기 이후 2년이 지난 오늘의 시점에서 볼 때 세계경제는 최악의 국면을 탈출하여 일단 안정을 회복하고 정상화의 길을 모색하고 있다. 세계정치는 패권국인 미국의 지위가 상대적인 저하를 겪는 속에서 중국과 인도 등 거대한 인구와 경제 규모를 가진 새로운 강국이 존재감을 점차 강화하는 모습으로 펼쳐지고 있다.

이렇게 급격하게 변화하는 세계 질서를 규율하고 관리하려는 노력은 유엔이나 지역 기구 차원에서도 활발하게 이루어지고 있지만, 또 한편으로는 G20의 잇따른 개최, 핵 정상회의 소집 등 새로운 차원의 글로벌 거버넌스를 강화하려는 움직임으로도 표면화하고 있다.

다나카 교수는 위기 이후 벌어지는 세계적 차원의 구조 변화를 냉철하게 분석하면서 무엇보다도 주목해야 하는 변수로 다음의 두 가지를 특히 강조하고 있는데, 이는 일본뿐 아니라 한국의 독자에게도 충분히 공감을 얻을 수 있는 내용이다.

첫째, 세계정치에서의 힘의 분산 현상이다. 압도적인 군사력과 경제력을 가진 미국의 우위는 당분간 지속하겠지만, 장기적으로 볼 때 상대적인 미국의 지위는 저하될 수밖에 없다. 유럽과 일본도 선진 경제와 기술의 우위를 유지하겠지만, 상대적으로는 힘의 저하에 직면할 수밖에 없다. 반면 중국과 인도를 필두로 한 신흥세력은 엄청난 속도로 경제 규모를 키워갈 것이고 세계정치에도 큰 영향력을 발휘하게 될 것이다.

다나카 교수는 앵거스 메디슨의 거시적인 경제사 통계를 인용하면서 2030년의 세계경제 점유율을 중국 23.8%, 미국 17.3%, 서유럽 13%, 인도 10.4%로 전망하고 일본은 불과 3.6%로 점유율이 떨어지게 될 것으로 내다보고 있다. 20년 이후의 세계경제 판도가 과연 이처럼 급변할지는 두고 볼 일이지만, 세계적 차원의 힘의 분산과 전이가 엄청난 속도로 진행되고 있다는 점은 부인하기 어렵다. 실제로 산업혁명이 가져온 근대 산업기술을 소수의 선진 산업국이 독점하던 시대는 이제 종말을 고했다. 기술과 산업능력이 국경을 넘어 세계적으로 보편화한다면 근대적 교육을 받은 인구의 수가 경제 규모를 결정하는 시대가 올 것이라는 가정이 힘을 얻을 수밖에 없다.

둘째, 앞으로의 세계정치에서 경제력과 군사력을 중심으로 하는 하드파워의 중요성이 상대적으로 쇠퇴하고 그 대신 언력言力이나 문화력, 외교협상 능력 등으로 이뤄지는 소프트파워의 중요성이 커질 것이라는 점이다. 근대 체제에서는 무엇보다도 국력의 원천이 군사력과 경제력 그리고 그를 뒷받침하는 자원, 산업, 인구, 영토 등이었다면, 21세기 세계정치에서의 힘의 근원은 이보다 훨씬 복잡하고 다원화되었다는 점은 상식에 속하는 일이다.

특히 세계정치에서 중요성이 커지는 지식정보, 과학기술, 생태환경, 문화 등의 영역에서의 경쟁력은 아무리 강조해도 지나침이 없을 것이다. 이 점은 이미 현대 국제정치학의 상식이어서 새삼 새로운 주장이라고 할 수도 없지만, 다나카 교수는 위기 이후의 세계정치에서 소프트파워의 중요성이 더욱 부상할 것이라는 점을 다시 한 번 역설한다.

한편, 동아시아 국제정치의 맥락에서 이 책이 강조하는 포인트로, 우리에게 큰 시사점을 주는 내용은 중국과 일본을 바라보는 '인식과 시각'이다.

첫째, 중국의 대국화 현상이다. 다나카 교수는 대국화하는 중국이 연착륙하는 것이야말로 동아시아 국제정치의 핵심 과제라고 주장한다. 즉, 앞으로 중국이 기존의 국제 규범과 법칙에 순응하는 형태로 안착하여 이 지역의 안전보장과 경제성장에 긍정적인 행위자가 될 때 비로소 동아시아의 안정과 평화와 번영이 담보될 수 있다는 것이다. 이는 미국과 일본이 공유하는 대중국 인식의 출발점이기도 하지만, 북한 문제를 안은 한국으로서는 더더욱 절실한 과제이다.

둘째, 일본의 미래에 놓인 우려와 기대이다. 다나카 교수는 최근 일본이 맞이한 위기를 고령화 저출산에서 비롯되는 인구구조의 변화, 만성적인 재정 적자, 성장 동력 상실에서 찾는다. 정치 분야에서의 심각한 리더십 부재도 지적한다. 하지만, 일본은 환경, 정보, 신에너지 분야에서의 과학기술 경쟁력을 여전히 보유하고 있으며 성숙한 사회시스템을 바탕으로 소프트한 분야에서의 국제 공헌을 확대하는 측면도 무시할 수 없다고 본다.

무엇보다 이 책은 금융위기 이후 빠르게 변하는 세계정치의 구조와 동아시아의 국제관계 동향을 객관적으로 파악하는 데 필요한 지식과 인식의 틀을 제공하고 있다는 점에서 한국의 독자에게도 매우 유익한 길잡이가 될 것이다.

저자인 다나카 아키히코 교수는 일본의 국제정치학계를 대표하는 탁월한 연구자이며 일본의 대외 정책 수립에도 여러 방면에서 깊숙이 관여하는 실천적인 학자이기도 하다. 따라서 이 책은 엄밀히 말하면 일본이란 나라가 세계와 동아시아 국제관계를 어떻게 바라보고 있는지, 그 나름의 시각과 인식을 보여주는 책이라 할 수 있다.

그러나 한편으론 이 책이 한국 독자에게 상당 부분 공감할 내용을 담고 있기에 세계와 동아시아를 바라보는 한국의 관점을 마련하는 데 매우 중요한 시사점을 얻을 수 있을 것이다. 한국은 이제 세계의 주변부에서 졸업하여 세계정치와 동아시아 국제정치의 중요한 행위자로 급속히 부상하고 있다. 따라서 우리 나름의 세계정치를 바라보는 시각과 전략을 정립해야만 한다. 부디 이 책이 그러한 전략 수립에 조그마한 단서가 되었으면 하는 바람이다.

이 책의 번역은 국민대학교 국제학부 일본학 전공 대학원생들과 공동작업으로 이뤄졌다는 점을 밝혀두고자 한다. 애당초 내가 진행하는 국민대학교 국제학부의 대학원 수업에서 이 책을 텍스트로 읽으면서 번역해

출판하기로 학생들과 뜻을 모았다. 무엇보다 내용이 흥미로워 한 장 한 장을 면밀하게 읽으면서 의미를 철저하게 파악해 번역하였고 수차례 토론을 거치면서 함께 수정작업에 임했다. 대학원에 재학 중인 박수옥, 석지혜, 하은호 3인이 중심이 되어 초벌 번역의 수고를 맡아주었고 그 후 김소희, 김지현, 박민아 3인이 중심이 되어 번역 검토와 교정을 담당해 주었다. 그 과정에서 나는 학생들과 토의하며 원문과 번역문을 일일이 대조하였고 문장을 최종적으로 다듬었다. 따라서 이 책의 번역은 이 7인의 공동 작업 성과물이다. 마지막으로 이 책의 출판을 선뜻 맡아준 일조각의 김시연 사장님과 편집 실무자들께도 감사의 말씀을 드린다.

2010년 9월

이원덕

포스트 크라이시스의 세계

세계 금융위기 이후, 국제질서의 새로운 패러다임을 찾아서

1판 1쇄 펴낸날 2010년 10월 11일

지은이 다나카 아키히코
옮긴이 이원덕
펴낸이 김시연

펴낸곳 (주)일조각
등록 1953년 9월 3일 제300-1953-1호(구 : 제1-298호)
주소 110-062 서울시 종로구 신문로 2가 1-335
전화 734-3545 / 733-8811(편집부)
733-5430 / 733-5431(영업부)
팩스 735-9994(편집부) / 738-5857(영업부)
이메일 ilchokak@hanmail.net
홈페이지 www.ilchokak.co.kr
ISBN 978-89-337-0595-7 03340
값 13,000원

* 옮긴이와 협의하여 인지를 생략합니다.
* 이 도서의 국립중앙도서관 출판시도서목록(CIP)은 e-CIP 홈페이지
(http://www.nl.go.kr/ecip)에서 이용하실 수 있습니다.
(CIP제어번호 : 2010003507)